कर्नल जिम कॉर्बेट

कुछ प्रमुख जीवनियाँ

ईश्वरचंद्र विद्यासागर

नेपोलियन बोनापार्ट

चंद्रशेखर आजाद

लाला हरदयाल

समाज सुधारक
राजा राममोहन राय

आनंदमूर्ति

बेंजामिन फ्रैंकलिन की आत्मकथा

जगदीशचंद्र बसु

लोकमाता अहिल्याबाई

लोकमान्य बाल गंगाधर तिलक

लियोनार्दो द विंची

शिखर भारतीय महिलाएँ

मैडम भीखाजी कामा

प्रथम अंतरिक्ष यात्री
यूरी गागरिन

लियो टॉलस्टॉय

आचार्य विनोबा भावे

स्वामी रामदेव

आर्यभट

जननायक
अन्ना हजारे

नेल्सन मंडेला

महर्षि अरविंद घोष

कस्तूरबा गांधी

कर्नल जिम कॉर्बेट

मौलाना अबुल कलाम आजाद

होमी जहांगीर भाभा

नेताजी
सुभाषचंद्र बोस

भगिनी निवेदिता

भारत कोकिला
सरोजिनी नायडू

स्टीफन हॉकिंग

गोपाल कृष्ण गोखले

गुरुदेव
रवींद्रनाथ टैगोर

स्वामी
दयानंद सरस्वती

बिपिनचंद्र पाल

अशफाक उल्ला खाँ

निकोलस कॉपरनिकस

बिरसा मुंडा

कर्नल जिम कॉर्बेट

के.आर. पांडे

प्रकाशक

प्रभात प्रकाशन प्रा. लि.

4/19 आसफ अली रोड, नई दिल्ली–110002

फोन : 23289777 • हेल्पलाइन नं. : 7827007777

इ–मेल : prabhatbooks@gmail.com ❖ वेब ठिकाना : www.prabhatbooks.com

संस्करण

2025

मूल्य

दो सौ रुपए

मुद्रक

नरुला प्रिंटर्स, दिल्ली

★

COLONEL JIM CORBETT
A biography by K.R. Pandey

Published by **PRABHAT PRAKASHAN PVT. LTD.**
4/19 Asaf Ali Road, New Delhi-110002

ISBN 978-93-5048-324-4

₹200.00

लाडली पोतियों
जयश्री एवं रिद्धि
को
स्नेह सहित

दो शब्द

हल्द्वानी से दिल्ली आ रहा था। रामपुर रोड पर तीन बंदर सड़क पार कर रहे थे। दो तो आगे निकल गए, एक बंदर मेरी गाड़ी से टकराकर तड़पता हुआ सड़क के किनारे जा गिरा। उसको इस हालत में देखकर मेरा जी भर आया। ड्राइवर को गाड़ी रोकने को कहा, ताकि मैं उसकी कुछ मरहम-पट्टी कर सकूँ। परंतु ड्राइवर बोला, "यहाँ रुकिए मत। सारे बंदर गुस्से में हैं, हम पर हमला कर सकते हैं।" दुःखी होकर आगे निकल आया। आज भी जब मैं उस सड़क से गुजरता हूँ तो उस घायल बंदर का वह तड़पता दृश्य मेरी आँखें नम कर देता है। बंदरों को कुछ चने और मूँगफली डालते हुए भगवान् से यही प्रार्थना करता हूँ कि 'हे प्रभु, मुझे बंदर-हत्या के पाप से मुक्त कर देना। मैंने जानबूझकर यह जघन्य पाप नहीं किया। यह अनजाने में हो गया है। उसकी आत्मा को सद्गति प्रदान करना।'

रास्ते भर सोचता रहा। इनसान भी कितना निष्ठुर हो गया है। जंगल सिमटते जा रहे हैं। उसने जंगली जानवरों के घरों को तहस-नहस कर वहाँ जबरन कब्जा कर लिया है तथा अपने घर तथा खेत बना डाले हैं। फलों के हरे-भरे पेड़, जिन पर लगे फलों से जंगली जानवर अपना पेट भरते थे, वे काट दिए गए हैं। यानी मानव ने जंगली जानवरों के जिंदा रहने के हक को भी छीन लिया है। जब जंगल ही नहीं बचे तो जंगली जानवर कहाँ जाएँगे? बेघर जंगली जानवरों को विवश होकर अपने भोजन की तलाश में इनसानों की बस्तियों में आना पड़ता है।

ऐसे समय में मुझे जिम कॉर्बेट का एक शतक पुराना यह वाक्य बरबस याद आता है—'जंगल व जानवरों को इनसान के जालिम हाथों से बचाइए।'

आज से सौ साल पहले जिस पर्यावरणविद् ने ये वाक्य कहे थे, वह कितना महान् एवं दूरदर्शी रहा होगा? ऐसे इनसान के बारे में कुछ जानने अथवा लिखने का मन भला किसका नहीं होगा?

उन्हें ब्रिटेन में शिकारी, प्रकृतिविद्, लेखक और संरक्षणवादी के तौर पर जाना जाता है, लेकिन भारत में वह इन सभी से ज्यादा नरभक्षी बाघों और तेंदुओं के शिकारी के रूप में जाने जाते हैं।

ब्रिटिश इंडियन आर्मी में कॉर्बेट को कर्नल का पद दिया गया था। उस दौरान कुमाऊँ और गढ़वाल रीजन के गाँवों में नरभक्षी बाघों और तेंदुओं का आतंक था। मानवभक्षी इन बाघों और तेंदुओं ने गाँवों में आतंक मचाया हुआ था। ये हमलावर आए दिन किसी-न-किसी इनसान को मारकर खा जाते थे। जिम कॉर्बेट ने इन इलाकों में 33 बाघों और तेंदुओं का सफाया करके लोगों को इनके आतंक से मुक्ति दिलाई थी।

उस महान् पुरुष के बारे में जितना जान पाया, उसी को कुछ शब्दों में पिरोकर एक पुस्तक के रूप में प्रस्तुत करने का प्रयास मैंने किया है। वैसे जिम कॉर्बेट के बारे में जितना पढ़ा एवं लिखा जाए उतना ही कम है। इसमें मैं कहाँ तक सफल हो पाया, इसका निर्णय तो पाठक ही अच्छा कर सकते हैं। त्रुटियों के लिए क्षमायाचना सहित,

—के.आर. पांडे

97, कूर्मांचल निकेतन
115, पटपड़गंज
दिल्ली-110092

अनुक्रमणिका

बचपन

महान् शिकारी, प्रकृति एवं पर्यावरण प्रेमी, वनरक्षक, कुशल फोटोग्राफर एवं विद्वान् लेखक कर्नल एडवर्ड जिम कॉर्बेट का जन्म 25 जुलाई, 1875 को नैनीताल, (तब संयुक्त प्रांत का एक पहाड़ी जिला और अब उत्तराखंड का एक जनपद) में हुआ था। उनके पिता का नाम क्रिस्टोफर विलियम कॉर्बेट था। उनका जन्म 11 सितंबर, 1822 को मेरठ में हुआ था। वह फौज में नौकरी करते थे तथा 21 वर्ष की उम्र में उनको सेना की हॉर्स आर्टिलरी रेजीमेंट में सहायक एपोथिकेरी का पद प्राप्त हुआ। जिम की माता का नाम मैरी जेन कॉर्बेट था। उसका जन्म 12 मार्च, 1837 को कलकत्ता (अब कोलकाता) में हुआ था। मैरी जेन का प्रथम विवाह चौदह वर्ष की उम्र में इक्कीस वर्षीय डायल नामक सेनाधिकारी के साथ फीरोजपुर में हुआ था। हरचंदपुर की लड़ाई में 8 दिसंबर, 1858 को डायल का देहांत हो गया। तब मैरी की उम्र 29 वर्ष थी। डायल को इटावा के कब्रिस्तान में दफनाया गया।

मैरी जेन अपने तीन बच्चों—दो लड़के तथा एक लड़की—को साथ लेकर आगरा से बचते-बचाते मसूरी आ गईं। उनकी एक लड़की का आगरा में हैजे की बीमारी से पहले ही देहांत हो गया था। मसूरी में ही उनका जिम कॉर्बेट के पिता क्रिस्टोफर विलियम कॉर्बेट से संपर्क हुआ। वह भी विधुर थे। सन् 1859 में मैरी जेन ने उनसे दूसरी शादी कर ली। विलियम कॉर्बेट की पहली पत्नी श्रीमती मैरी ऐनो मोरो का कुछ समय पहले ही देहांत हो गया था। उनका प्रथम विवाह 19 दिसंबर, 1845 को मंसूरी के पास लंढूर नामक स्थान में हुआ था। पहली पत्नी से उनकी तीन संतानें थीं। मैरी जेन भी तीन बच्चों

की माँ थीं। जिम कॉर्बेट के पिता विलियम कॉर्बेट की बहन एवं बहनोई की एक दुर्घटना में मृत्यु हो जाने के कारण उनके तीन बच्चों के पालन-पोषण का जिम्मा भी उन्होंने ही लिया। जिम अपने पिता की नौ संतानों—छह लड़के एवं तीन लड़कियों—में आठवीं संतान थे। इस तरह जिम कॉर्बेट कुल बारह भाई-बहन थे। पंद्रह बच्चों के कोलाहल से दिन भर घर में रौनक बनी रहती थी। उनका एक छोटा भाई भी था, जिसका नाम आर्किवाल्ड डी. आर्सी था। वह

जिम कॉर्बेट से चार साल छोटा था। सबसे बड़े भाई का नाम थोम्स वर्थलोम्यू था। वह उनसे आठ साल बड़ा था। उसे टाम नाम से भी पुकारा जाता था। पिता के देहांत के बाद उसने डाक-तार विभाग में नौकरी कर ली थी। टाम और जिम दोनों आपस में सगे भाई के साथ-साथ घनिष्ठ मित्र भी थे। शूटिंग के प्रारंभिक गुर जिम कॉर्बेट ने अपने बड़े भाई साहब से ही सीखे थे।

जिम कॉर्बेट ने नैनीताल में ओपनिंग स्कूल से सीनियर कैंब्रिज की पढ़ाई पूरी करने के बाद सेंट जोसेफ कॉलेज में दाखिला लिया, परंतु आर्थिक स्थिति ठीक न होने के कारण पढ़ाई बीच में छोड़कर 18 वर्ष की उम्र में मोकामा घाट (बिहार) जाकर वहाँ रेलवे में नौकरी करने लगे। इस तरह वह स्नातक की पढ़ाई पूरी नहीं कर पाए। जिम कॉर्बेट की इच्छा प्रारंभ में इंजीनियर बनने की थी, परंतु घरेलू जिम्मेवारियों ने उनके इस सपने को भी पूरा नहीं होने दिया। बचपन का अधिकांश समय उन्होंने नैनीताल एवं कालाढूंगी में ही बिताया।

उन्नीसवीं शताब्दी के प्रारंभ में उनके पूर्वज ब्रिटेन से भारत आकर बस गए थे। जिम कॉर्बेट के पिता क्रिस्टोफर विलियम कॉर्बेट ने प्रारंभ में कुछ दिन फौज में भी नौकरी की। बाद में फौज से त्यागपत्र देकर डाक-तार विभाग में काम करना शुरू कर दिया तथा सन् 1862 में उनका ट्रांसफर मसूरी से नैनीताल हो गया। सन् 1878 में वह नैनीताल के पोस्टमास्टर के पद से 55 साल की उम्र में सेवानिवृत हुए। तब सेवानिवृत्ति की यही उम्र होती थी। रिटायरमेंट के तीन साल बाद ईस्टर (रविवार) को चर्च जाने की तैयारी कर ही रहे थे कि उन्हें अचानक दिल का दौरा पड़ा। स्थानीय अस्पताल में भर्ती किया गया, परंतु उन्हें बचाया नहीं जा सका। 21 अप्रैल, 1881 को 58 वर्ष की उम्र में उनका निधन हो गया। उस समय जिम कॉर्बेट की उम्र मात्र छह वर्ष थी।

पति के देहांत के बाद श्रीमती मैरी जेन के कंधों पर परिवार के पालन-पोषण की जिम्मेवारी आ गई। घर की आमदनी बढ़ाने के लिए उन्होंने स्वयं व्यापार करने का निश्चय किया। नैनीताल में रहकर एक रेंटल एजेंसी की स्थापना की और इसे सफलतापूर्वक चलाया। इस तरह उन्होंने सभी बच्चों

को पाल-पोसकर अपने पैरों पर खड़ा किया। तब नैनीताल शहर नया-नया आबाद हो रहा था। उन दिनों नैनीताल के प्रमुख लोगों में उनका स्थान था। सन् 1927 में 90 वर्ष की उम्र में अपना भरा-पूरा परिवार छोड़कर श्रीमती जेन भी चल बसीं। जिम के माँ-बाप दोनों को नैनीताल के पास सूखाताल स्थित सेंट जान्स चर्च के कब्रिस्तान में दफनाया गया। उनकी कब्रें आज भी जर्जर हालत में वहाँ मौजूद हैं।

माँ के देहांत के बाद जिम कॉर्बेट ने भी नैनीताल में कुछ दिन रेंटल एजेंसी के काम को ही आगे बढ़ाया। जिम कॉर्बेट ने अविवाहित रहकर बड़ी बहन कॉर्बेट मैगी के साथ अपना अधिकांश जीवन कालाढूंगी एवं नैनीताल के स्थानीय ग्रामीण लोगों के बीच में रहकर बिताया। कुमारी मैगी उम्र में जिम कॉर्बेट से एक साल बड़ी थीं। वह कॉर्बेट की बड़ी बहन ही नहीं, बल्कि उनकी सबसे घनिष्ठ सहयोगी भी थीं। बहन भी अपने छोटे भाई की तरह ही प्रकृतिप्रेमी थीं। वह पक्षियों में विशेष रुचि रखती थीं। प्रतिदिन अपने घर में उन्हें दाना डालती थीं। वह नैनीताल में गर्ल्स गाइड एसोसिएशन, वाई.एम.सी.ए. की शासी निकाय में भी रहीं। इसके अलावा बच्चों को पियानो बजाना भी सिखाया करती थीं। दोनों भाई-बहन अंतिम समय तक एक-दूसरे पर निर्भर रहे।

सन् 1963 में कुमारी मैगी का 89 वर्ष की उम्र में केन्या में देहांत हो गया। अपने प्रिय भाई जिम के साथ ही उन्हें भी अंतिम शरण दी गई। जिम कॉर्बेट यद्यपि ब्रिटिश नागरिक थे, परंतु भारतीय ग्रामीण लोगों के प्रति उनके दिल में अपार स्नेह था। वे मांसाहारी वंश और परिवार से थे, परंतु उन्होंने अपने जीवन में कभी शराब एवं गोमांस का सेवन नहीं किया।

अपनी पुस्तक 'जीती-जागती कहानी जंग की' (जंगल लोर में) सर्दियों में अपने कालाढूंगी निवास में बिताए गए दिनों को याद करते हुए जिम कॉर्बेट ने विस्तार से लिखा है—"सर्दियों के मौसम में कालाढूंगी आकर रहनेवाले दो बड़े परिवारों में कुल चौदह बच्चे थे। इनमें मेरा छोटा भाई शामिल नहीं था, क्योंकि रात को अलाव के सामने बैठने या नदी में नहाने की दृष्टि से वह बहुत ही छोटा था। इसलिए उसकी गिनती इन चौदह बच्चों में नहीं

होती थी। चौदह में से सात लड़कियाँ थीं—नौ से अठारह बरस तक की और सात ही लड़के थे—आठ से अठारह तक के, जिनमें मैं सबसे छोटा था। लड़कों में मेरा सबसे छोटा होना मेरी वह मजबूरी थी जिसकी वजह से मुझ पर कई ऐसे काम लाद दिए जाते थे जो मुझे बहुत ही नापसंद थे। उन दिनों के तौर-तरीके विक्टोरियन जमाने के थे। मिसाल के तौर पर हमारी जायदाद के किनारे बहनेवाली नहर में जब लड़कियाँ नहाने जाती थीं तो यह जरूरी समझा जाता था कि उनके साथ एक मर्द जरूर जाए, लेकिन मर्द की उम्र इतनी कम हो कि जिससे कौमार्य की देवी नाराज न हो। लड़कियाँ रोज ही नहर में नहाने जाती थीं सिर्फ इतवार को छोड़कर। यह मुझे आज भी समझ में नहीं आता कि लड़कियाँ इतवार को क्यों नहीं नहाती थीं।

"अपनी उम्र की वजह से बलि का बकरा मैं बनता था और लड़कियों के तौलिए और रात को पहननेवाले उनके लिबास ढोना मेरी जिम्मेदारी थी। उन दिनों बिकनी या तैरने की कोई दूसरी पोशाकें तो होती नहीं थीं। यह भी मेरी ही जिम्मेदारी थी कि जब लड़कियाँ नहा रही हों तो मैं चौकीदारी करता रहूँ और यदि कोई मर्द आता हुआ दिखाई दे तो लड़कियों को होशियार कर दूँ। नहर के उस पार एक पगडंडी थी जिसका इस्तेमाल जलाऊ लकड़ी लानेवाले लोग या नहर की सफाई या मरम्मत करनेवाले किया करते थे। यह नहर पक्की बनी हुई थी और इसकी चौड़ाई दस फीट और गहराई तीन फीट थी।

"नहर के इसी हिस्से में हमारे बगीचे की सिंचाई के लिए कुमाऊँ के 'महाराजा' जनरल सर हैनरी रैमजे ने नहर की तली को कुछ गज तक छह फीट गहरा खुदवा दिया था और हर रोज जब मैं लड़कियों को लेकर निकलता था तो मुझे इस बात की सख्त हिदायत दी जाती थी कि कहीं लड़कियाँ इस गहरे हिस्से में न डूब जाएँ।

"सूती नाइट ड्रेस पहने हुए, बहते पानी में उतरना बड़ा मुश्किल काम था, खासतौर पर तब जबकि शरम-हया बनाए रखना जरूरी हो और वह भी तब जब लापरवाही भरे अंदाज में तीन फीट गहरे पानी में उतरते ही सभी लड़कियाँ बैठ जाना चाहती हों। इसका नतीजा यह होता था उनकी सूती नाइट ड्रेस ऊपर उठकर उनके सिर के ऊपर तैरने लगती थी। इसे देखकर कोई भी

हक्का-बक्का रह जाए। ऐसा जब भी होता था, मेरे लिए सख्त हिदायत थी कि मैं मुँह फेरकर दूसरी तरफ देखने लगूँ। और ऐसा अकसर होता था।

"जब मैं लड़कियों की चौकीदारी कर रहा होता और जब जरूरत पड़ने पर दूसरी तरफ देख रहा होता तो गुलेलों और बंसियों से लैस बाकी लड़के ऊपरी तरफ नहर के सिरे पर बने एक गहरे पोखर की तरफ जा रहे होते थे। रास्ते भर उनमें आपसी मुकाबलेबाजी चलती रहती थी कि सेमल की सबसे ऊँची टहनी पर लगा फूल कौन एक ही बार में गिरा सकता है या नहर के किनारे लगे फाइकस को पहला पत्थर कौन मारेगा। फाइकस के पेड़ में निशाना लगना तभी सही निशाना माना जाता था जब पत्थर पेड़ के तने से बह रहे दूध में जाकर चिपक जाए। पेड़ के तने से बहनेवाला यह दूध चिड़ियों को फँसानेवाला गोंद बनाने के लिए सबसे बढ़िया चीज माना जाता था और फिर निशाना लगाने के लिए कलगीवाले जंगल कोतवाल, गोल्डन ओरियल और रोजी पेस्टर्स जैसे परिंदे भी थे जो सेमल के फूलों का रस पीने के लिए आते थे। आसानी से दिखनेवाले स्लेटी रंग और गुलाबी सिरवाले तोते भी लड़कों का निशाना बनते थे। ये तोते सेमल के फूलों को कुतरते थे और छोटा-सा हिस्सा कुतरने के बाद बाकी फूल को जमीन पर गिरा देते थे, जहाँ उनके इंतजार में हिरण और सुअर मौजूद रहते थे।

"यहाँ पर कलगीवाला काला-सफेद किंगफिशर भी था जो थोड़ी सी आवाज होने पर भी नहर के उस पार उड़ जाता था और बोआर पुल के उस पार रहनेवाले उल्लू का जीवनसाथी एक सींगदार उल्लू भी यहाँ नहर किनारे पीपल की टहनी पर हमेशा मौजूद रहता था। इस उल्लू के बारे में यह बात मशहूर थी कि उसने कभी किसी को अपने इतने नजदीक नहीं आने दिया कि कोई उसे गुलेल का निशाना बना सके। लेकिन लड़के तो लड़के ही थे और उन्होंने उल्लू को निशाना बनाने की बेतहाशा, लेकिन नाकामयाब कोशिशें जरूर की थीं।

"एक बार बड़े पोखर पर पहुँचने भर की देर होती थी कि सब लड़कों में इस बात का जबरदस्त मुकाबला होता था कि कौन सबसे ज्यादा मछलियाँ पकड़ता है। इनकी मछली पकड़ने की बंसियों के धागे आमतौर पर उनकी माँ

या बहन की कढ़ाई-बुनाई की टोकरियों से निकाले गए होते थे और जो लड़के मछली पकड़ने का असली काँटा नहीं ले सकते थे वे पिनों को मोड़-मोड़कर जुगाड़ मेंटवाला काँटा बना लिया करते थे। बाँस की पतली-पतली टहनियों से बंसी बनाकर काम चलाया जाता था।

''मछली पकड़ने का यह दौर तभी खत्म होता था जब मछली को ललचानेवाली आटे की गोलियाँ या तो खत्म हो जाएँ या फिर किसी की लापरवाही से पानी में गिर जाएँ। हमारी नदियों में माहशीर मछलियाँ बहुत पाई जाती हैं। थोड़ी-बहुत माहशीर पकड़ने के बाद सब लड़के अपने पूरे कपड़े उतार फेंकते और पोखर पर से झाँकती एक बड़ी चट्टान पर जाकर एक लाइन में खड़े हो जाते थे और इशारा मिलते ही सीधे पानी में छलाँग लगा देते थे। यह देखने के लिए कि दूसरे सिरे पर सबसे पहले कौन पहुँचता है।

''जब बाकी लोग इन शानदार मुकाबलों का मजा ले रहे होते थे तो एक मील आगे नहर किनारे मुझे बार-बार दूसरी तरफ देखने को कहा जा रहा होता था या सिर पर लकड़ी ढोते किसी बूढ़े आदमी के वहाँ से गुजरने की चेतावनी न दे पाने की वजह से मैं लड़कियों की झिड़कियाँ सुन रहा होता था।

''इस बेगार का एक फायदा तो मैं ले ही लेता था। वह यह था कि इन लड़कियों की तमाम खुफिया साजिशें मुझे मालूम चल जाती थीं। ये साजिशें आमतौर पर दोनों खानदानों के लड़कों का और खासतौर पर डैनसे और नील फ्लेमिंग का मजाक बनाने के बारे में होती थीं।

''डैनसे और नील दोनों ही बिलकुल सनकी आयरिश थे और इन दोनों में सिर्फ यही बात एक जैसी थी इसके अलावा वे दोनों बिलकुल अलग-अलग किस्म के लोग थे। डैनसे कद में छोटा था, उसका शरीर बालों से भरा हुआ था और वह किसी खूँखार भालू जैसा ताकतवर था। नील लंबा और पतला था और उसका रंग लिली के फूल जैसा था। दोनों में और भी फर्क थे। जैसे कि डैनसे को अपनी भरतल बंदूक कंधे से लगाकर शेरों का पीछा करने और पैदल शिकार करने में कोई हिचक नहीं थी, जबकि नील के मन में जंगलों का डर समाया हुआ था और सबको उसके बारे में यही पता था कि

उसने कभी बंदूक नहीं चलाई।

"इसके अलावा दोनों में एक बात और समान थी। दोनों के मन में एक-दूसरे के लिए नफरत थी क्योंकि दोनों ही सब-की-सब लड़कियों के इकतरफा प्यार में गले तक डूबे हुए थे। डैनसे को घर से निकाल दिया गया था क्योंकि उसने अपने फौजी बाप का हुक्म न मानते हुए फौज में भरती होने से साफ इनकार कर दिया था। वह मेरे भाइयों के साथ सरकारी स्कूल में पढ़ा था और फिलहाल जंगलात महकमे की नौकरी से निकाले जाने के बाद यह उम्मीद कर रहा था कि कभी-न-कभी सियासी महकमे में उसकी नौकरी लग जाएगी। दूसरी तरफ नील नौकरीशुदा था और मेरे भाई टाम के मातहत डाक महकमे में काम करता था। इस बात से दोनों को ही कोई फर्क नहीं पड़ता था कि दोनों में से कोई भी शादी करने की हालत में नहीं था, लेकिन इस बात से न तो उनकी उम्मीदों में और न ही एक-दूसरे के लिए उनकी नफरत में कोई कमी आई थी।

"नहर के किनारे लड़कियों की जो बातचीत चोरी से मैंने सुनी थी उससे मुझे समझ में यह आया कि कालाढूंगी में हम लोगों की पिछली मुलाकात के दौरान लड़कियों को यह महसूस हुआ था कि नील कुछ ज्यादा ही गुरूर में है और बड़ा ऊँचा उड़ रहा है। साथ ही वह ऐसा भी जाहिर कर रहा था कि जैसे उसकी मोहब्बतें परवान चढ़ने लगी हों। लड़कियों ने यह भी महसूस किया था कि इसी पिछली मुलाकात के दौरान डैनसे काफी दबा-सहमा सा था और बड़ा हिचकिचा रहा था। यह स्थिति लड़कियों को मंजूर नहीं थी, इसलिए उन्होंने यह सोचा कि नील को कुछ नीचे उतारना जरूरी है और डैनसे को कुछ सीढ़ियाँ ऊपर चढ़ाना। लड़कियों में बातचीत हो रही थी, 'कहीं डैनसे को इतना ऊपर भी न चढ़ा दिया जाए कि उसके दिमाग में फितूर भरने लगे।' मेरी समझ में नहीं आया कि 'दिमाग में फितूर भरने' का क्या मतलब होता है और यह सवाल लड़कियों से न पूछने में ही मैंने अपनी बेहतरी समझी।

"नील को नीचे उतारने और डैनसे को ऊपर चढ़ाने का काम एक ही झटके में हो जाए इसके लिए जरूरी था कि सीधे-सादे नील और ढीले-ढाले डैनसे को एक ही मजाक का शिकार बनाया जाए। कई योजनाएँ बनाई गईं

और आखिरकार जिस योजना पर सबने हामी भरी उसे लागू करने में मेरे भाई टाम की मदद जरूरी थी। सर्दी के महीनों में नैनीताल के पोस्ट ऑफिस में ज्यादा काम नहीं था और हर एकाध हफ्ते के फेर में टाम नील को यह रियायत दे देता था कि वह शनिवार की शाम से सोमवार की सुबह तक छुट्टी मना ले। अपनी छोटी-सी यह छुट्टी नील कालाढूंगी में रहनेवाले दो परिवारों में से किसी एक के साथ मनाता था और इन दोनों परिवारों में उसकी खुली तबीयत और शानदार आवाज की वजह से उसका बड़ा मान था।

"बहरहाल, योजना के मुताबिक एक चिट्ठी टाम को भेजी गई, जिसमें उससे कहा गया कि वह किसी-न-किसी बहाने आनेवाले शनिवार की शाम नील को देर तक पोस्ट ऑफिस में रोके रखे और उसे दफ्तर छोड़ने की मंजूरी कुछ इस हिसाब से दे कि पंद्रह मील का सफर पैदल तय करके नील जब कालाढूंगी पहुँचे तब रात घिर रही हो। इसके अलावा टाम को अपनी बातचीत में यह इशारा भी नील को करना था कि मुमकिन है कि नील के पहुँचने में देरी से लड़कियाँ फिक्रमंद हो रही होंगी और शायद इसके इंतजार में वे सड़क पर ही टहलती मिल जाएँ।

"लड़कियों की बनाई यह योजना बड़ा भारी मजाक थी और इसके मुताबिक डैनसे को भालू की खाल पहन लेनी थी और यह खाल उसे पहनाने के बाद ऊपर से सिल दी जानी थी ताकि रहस्य आसानी से न खुले।

"भालू की खाल पहनाकर लड़कियाँ डैनसे को दो मील आगे नैनीताल रोड पर ले जातीं जहाँ एक तीखा मोड़ था। डैनसे यहीं एक चट्टान के पीछे छुपनेवाला था और नील के आने पर उसे भालू जैसी आवाज निकालते हुए उस पर झपटना था। ऐसी उम्मीद थी कि भालू देखने के बाद नील आँख मींचकर वहाँ से भाग लेगा और थोड़े आगे खड़ी लड़कियों की बाँहों में जा समाएगा। लड़कियाँ उसकी कहानी सुनेंगी और उसकी बहादुरी पर ताने कसेंगी और जोर-जोर से हँसकर उसका मजाक उड़ाएँगी। जब नील की हँसी उड़ाई जा रही होगी तो एक मिनट बाद डैनसे भी वहाँ आकर उसका मजाक उड़ाने में शामिल हो जाएगा।

"डैनसे ने इस योजना में भागीदारी से थोड़ी आना-कानी की। तब

लड़कियों ने बताया कि दो हफ्ते पहले, पिकनिक के दौरान जब उसके सैंडविच में मांस की जगह लाल रंग के कपड़े का जो टुकड़ा निकला था और जिससे डैनसे की बड़ी भद्द उड़ी थी वह नील के कहने पर ही रखा गया था। यह सुनते ही डैनसे बदला लेने को फौरन तैयार हो गया।

''सूरज ढलने के साथ ही कालाढूंगी-नैनीताल सड़क पर आवाजाही एकदम बंद हो गई और तयशुदा योजना के मुताबिक भालू की खाल पहने हुए डैनसे को लड़कियाँ उस जगह ले गईं जो छुपने के लिए तय की गई थी। यहाँ तक पहुँचने में डैनसे कभी चौपायों की तरह चला तो कभी इनसानों की तरह। भालू की खाल डैनसे को पहनाकर ऊपर से सिल दी गई थी। शाम को वैसे भी गरमी थी और डैनसे ने भालू की खाल अपने कपड़ों के ऊपर ही पहन ली थी, इसलिए यहाँ तक पहुँचते-पहुँचते पसीने के मारे उसकी हालत खराब हो गई थी। इस बीच उधर नैनीताल में एक के बाद दूसरा काम निपटाते हुए नील बुरी तरह खीज रहा था, क्योंकि नैनीताल से उसकी रवानगी का वक्त निकल चुका था। आखिरकार उसे जाने की इजाजत मिली। उसके रवाना होने के पहले टाम ने अपनी शाटगन में दो गोलियाँ भरीं और शाटगन नील के हाथों में थमा दी। टाम ने नील को हिदायत दी कि बंदूक का इस्तेमाल सिर्फ इमरजेंसी में ही किया जाए।

''नैनीताल से कालाढूंगी की तरफ आनेवाली सड़क लगातार ढलानवाला रास्ता है और पहले आठ मील यह खेतों से होकर गुजरता है और इसके आगे कालाढूंगी तक लगातार घना जंगल है। डैनसे और लड़कियाँ अपनी पोजीशन लिए हुए बैठे थे और रोशनी कम होती जा रही थी। इतने में ऊँचे सुर में अपना मनपसंद गाना गाते हुए नील की आवाज सुनाई दी। अपनी हिम्मत बनाए रखने के लिए वह लगातार गा रहा था। अब उसकी आवाज और नजदीक से सुनाई दे रही थी। बाद में लड़कियों ने बताया कि उन्होंने नील को इतनी बढ़िया आवाज में गाते कभी नहीं सुना था। बहरहाल, इतने में वह मोड़ आया जहाँ डैनसे नील के इंतजार में छुपा बैठा था। लड़कियों की सलाह पर अमल करते हुए डैनसे अपने पिछले पैरों पर उठ खड़ा हुआ और भालू जैसे गुर्राते हुए नील पर लपका। नील ने आव देखा न ताव, बंदूक की दोनों गोलियाँ तड़ातड़

चला दीं। बंदूक से निकला धुएँ का बादल नील की आँखों के आगे छा गया। इसके साथ ही नील तेजी से भागा और भागते में उसने पहाड़ से भालू के लुढ़कने की आवाज सुनी। ठीक इसी वक्त लड़कियाँ भी दौड़ती हुई आ पहुँचीं और उन्हें देखकर नील ने बड़ी शान से अपनी बंदूक लहराई और कहा कि मैंने अभी-अभी एक बहुत बड़े भालू को मार गिराया है जो कि बड़े गुस्से में मुझ पर हमला कर रहा था।

''घबराई हुई लड़कियों ने नील से पूछा कि भालू का क्या हुआ? कहाँ है भालू? जवाब में नील ने पहाड़ी की तरफ इशारा किया और बड़े फख्र से लड़कियों को अपना शिकार देखने का न्यौता दिया। नील यह जोड़ना नहीं भूला कि भालू के पास तक जाने में कोई खतरा इसलिए भी नहीं है क्योंकि भालू पक्के तौर पर मर चुका है। लड़कियों ने नील का न्यौता मंजूर नहीं किया और उसे कहा कि वह खुद ही अकेला भालू को देखकर आए। नील को इस बात में जरा भी परेशानी नहीं थी क्योंकि लड़कियों की आँखों में आँसू देखकर उसे यह लग रहा था कि भालू से मुठभेड़ में उसके जिंदा बच निकलने की खुशी में लड़कियाँ ये आँसू बहा रही हैं।

''नील पहाड़ी से उतरकर खाई में चला गया। डैनसे ने नील से क्या कहा और नील ने डैनसे से क्या कहा—यह कहीं दर्ज नहीं किया गया लेकिन बड़ी देर बाद जब दोनों घिसट-घिसटकर चढ़ते हुए वापस सड़क पर आए तो डैनसे के हाथ में बंदूक थी और नील के हाथ में भालू की खाल। लड़कियाँ बेसब्री से उनका इंतजार कर रही थीं। पहाड़ी की सीधी ढलान पर लुढ़कने के बाद भी डैनसे को कोई खास चोट नहीं आई थी, क्योंकि उसने भालू की मोटी खाल पहन रखी थी। डैनसे का कहना था कि नील ने उसे ठीक छाती के बीचोंबीच गोली मारी थी, इसलिए उसके पाँव उखड़ गए थे। और जब नील ने बताया कि बंदूक किस तरह उसके कब्जे में आई थी तो सब लोगों ने मिलकर योजना विफल होने की जिम्मेदारी मेरे भाई टाम के मत्थे मढ़ दी।

''सोमवार को सरकारी छुट्टी थी और इतवार को शाम टाम जब घर आया तो गुस्से में भरी बैठी लड़कियों ने उस पर सवालों की बौछार कर दी। वे टाम से जानना चाहती थीं कि नील जैसे गैर जिम्मेदार आदमी के हाथों भरी

हुई बंदूक टाम ने क्यों सौंपी? डैनसे की जान के लिए इतना बड़ा खतरा क्यों पैदा किया? सवालों का यह तूफान टाम के सिर के ऊपर से गुजरता रहा और वह चुपचाप सुनता रहा। जब किस्से का वह हिस्सा बताया जा रहा था कि किस तरह डैनसे की छाती में गोलियाँ लगीं, किस तरह उसके पाँव उखड़े और किस तरह डैनसे की बेवक्त मौत पर लड़कियाँ एक-दूसरे से गले लगकर रोईं, तब टाम ने असलियत खोली। असलियत खुलने पर हँसी के जो फव्वारे छूटे उनमें हर कोई शामिल था सिवाय डैनसे के। टाम ने बताया कि लड़कियों की चिट्ठी मिलने पर उसे यह शक हो गया था कि लड़कियाँ कोई बड़ी शरारत कर रही हैं और उसने कारतूसों में से बुलेट निकालकर उसकी जगह आटा भर दिया था। लड़कियों की इस शरारत का नतीजा सिर्फ यह निकला कि नील का खुद में भरोसा बढ़ गया और डैनसे का सिफर हो गया।''

तब के नैनीताल और आज के नैनीताल में कई असमानताएँ हैं। तब यह आज की तरह चकाचौंध एवं घनी आबादीवाला शहर नैनीताल नहीं था। तब पूरे नैनीताल की आबादी मात्र छह हजार थी। जिम कॉर्बेट के अनुसार नैनीताल शहर को पहली बार सन् 1839 में देखा गया था। कुमाऊँ के तत्कालीन कमिश्नर ने सन् 1848 में अपना पहला घर बनाकर इस शहर को बसाने का कार्य प्रारंभ किया। नैनीतालवासियों ने प्रथम बार सन् 1915 में मोटर कार के दर्शन किए तथा सन् 1922 में बिजली के चमकते हुए बल्वों को देखा। आजादी से पहले तथा कुछ दिन बाद भी नैनीताल को संयुक्त प्रांत की गरमियों की राजधानी के नाम से जाना जाता था। गरमियों में लखनऊ सचिवालय का सारा स्टाफ यहाँ आ जाता था तथा यहीं से पूरे प्रदेश का शासन चलता था। वर्तमान में यह उत्तराखंड का एक जाना-पहचाना पर्यटन स्थल है। दूर-दूर के देशी एवं विदेशी पर्यटक यहाँ आते हैं। उनके ठहरने के लिए पर्याप्त होटल भी यहाँ हैं। उत्तराखंड राज्य का उच्च न्यायालय भी इसी शहर में बनाया गया है।

नैनीताल शहर के मध्य सुंदर झील की उत्पत्ति के संबंध में जिम कॉर्बेट के विचार इस प्रकार हैं, ''इस झील की उत्पत्ति के विषय में भू-विज्ञानियों के भिन्न-भिन्न मत हैं। कुछ का मत है कि इसकी उत्पत्ति विशाल हिमखंडों से एवं भूस्खलनों के कारण हुई है, जबकि दूसरों के मतानुसार यह ज्वालामुखी

के परिणामस्वरूप उत्पन्न हुई है। अस्तु…।

''हिंदू दंतकथाओं के अनुसार इसकी उत्पत्ति का श्रेय अत्रि, पुलस्त्य एवं पुलाह नामक तीन ऋषियों को है। पवित्र ग्रंथ स्कंदपुराण में लिखा है कि एक बार जब वे तीनों ऋषि पश्चात्ताप के लिए तीर्थयात्रा को निकले थे, तो चीना पर्वत के शिखर पर आकर उन्हें प्यास लगी। प्यास बुझाने को पानी कहीं था नहीं, सो उन्होंने पहाड़ी की तलहटी में एक गड्ढा खोदा और तिब्बत में स्थित मानसरोवर झील से उसका संबंध जोड़कर वे उस झील का पानी नीचे-ही-नीचे से इस झील में ले आए। ऋषियों के प्रस्थान के बाद नैनी देवी वहाँ आई और उसने उस झील को अपना स्थायी निवास बना लिया। कुछ काल के बाद इस गड्ढे के किनारों पर वन उत्पन्न हो गए और जल तथा वनस्पति से आकर्षित होकर नाना भाँति के पशु-पक्षी उस घाटी में बड़ी संख्या में आ बसे। अस्तु…।

''देवी के मंदिर से चार मील के घेरे के बीचवाले क्षेत्र में अन्य जीव-जंतुओं के अतिरिक्त बाघ, चीता, भालू तथा साँभर प्राणियों को देख चुका हूँ। उसी क्षेत्र में मैंने 128 प्रकार के विभिन्न जातियों के पक्षी भी देखे-गिने हैं।

''भारत के इस प्रदेश के पूर्वकालीन शासकों को इस झील के अस्तित्व के बारे में अफवाहें सुनने को मिल रही थीं। चूँकि पहाड़ी लोग अपनी इस पवित्र झील की स्थिति को प्रकट नहीं करना चाहते थे, सो सन् 1839 ई. में तत्कालीन शासन ने झील का पता लगाने का एक निराला उपाय खोज निकाला। उसने एक पहाड़ी व्यक्ति के सिर पर एक बड़ा-सा पत्थर रख दिया और उससे कहा कि 'जब तक तुम हमें नैना की झील तक नहीं पहुँचाओगे, तब तक तुम्हें यह पत्थर ढोते हुए चलना पड़ेगा।' वह आदमी कई दिन तक पत्थर को ढोए-ढोए पहाड़ों में जहाँ-तहाँ घूमता रहा, परंतु आखिरकार वह पत्थर ढोते-ढोते तंग आ गया और हारकर उसने अनुगामी शासकदल के व्यक्तियों को झील तक पहुँचा ही दिया। जब मैं छोटा बच्चा था, तब मुझे उस मनुष्य द्वारा ढोया गया वह पत्थर दिखाया गया था।

''जब मैंने कहा कि एक मनुष्य इतने बड़े पत्थर को कैसे ढो सकता है? (उस पत्थर का भार 600 पौंड था) तो मुझे पत्थर दिखानेवाले पहाड़ी ने

उत्तर दिया था, हाँ, यह पत्थर बड़ा तो जरूर है, मगर यह भी तो सोचो कि उन दिनों हमारे पूर्वज कितने बलवान होते थे।''

जिम कॉर्बेट जब मात्र दस वर्ष के थे तो उन्हें एक मिलिट्री कैंप में शूटिंग प्रतियोगिता में भाग लेने का अवसर मिला। उनकी शूटिंग दक्षता से प्रभावित होकर एक अंग्रेज ऑफिसर ने उन्हें बंदूक एवं कुछ गोलियाँ उपहार में दीं। गोलियों की बर्बादी को बचाने के लिए जिम कॉर्बेट अपना निशाना आस-पास पाए जानेवाले पक्षियों को ही बनाते थे। इससे शूटिंग में वह काफी दक्ष हो गए। उसी बंदूक से जिम साहब ने सन् 1885 में पहला शिकार एक तेंदुए का किया। उसके बाद तो सन् 1938 तक उन्होंने कई नरभक्षी बाघों के आतंक से कुमाऊँ एवं गढ़वाल के लोगों को मुक्ति दिलाई और अंतिम बार जब वह 63 वर्ष के थे, तब उन्होंने आदमखोर बाघ का वध किया। जिन दिनों लोग शेर या बाघ को खून का प्यासा कहा करते थे तथा उनकी शक्ल से भी नफरत करते थे, महान् शिकारी जिम कॉर्बेट इनको 'बड़े दिलवाला जानवर' एवं 'जंगल का जेंटलमैन' नाम से पुकारते थे तथा इन्हें दिल से प्यार करते थे। उन्होंने अपने जीवन में 50 बाघों एवं 250 तेंदुओं का संहार किया, पर किसी निर्दोष जानवर पर कभी गोली नहीं चलाई। केवल आदमखोर बाघों को ही अपना निशाना बनाया।

उत्तराखंड में एक किंवदंती है कि कुमाऊँ के एक राजा जंगल में शिकार खेलने गए। जंगल में उसी के मंत्रियों ने उसकी हत्या कर दी और रानी को संदेश भिजवा दिया कि राजा को बाघ ने खा लिया है। यह सुनकर रानी राजा की प्रज्वलित चिता में सती हो गई और मरते-मरते उन लोगों को शाप दे गई कि अगर यह सही नहीं है तो बाघ का आतंक इनको आजन्म सताता रहेगा। तब से वहाँ के लोग ऐसा मानते आ रहे हैं कि वे उसी शाप का अभिशाप ढो रहे हैं। जिम कॉर्बेट ने बहुत हद तक इस शाप के अभिशाप को कम करने की कोशिश की।

इतने नरभक्षी बाघों एवं चीतों के शिकार के बावजूद उनके मन में मानव एवं पशु-पक्षियों के प्रति करुणा में कोई कमी नहीं आई। जिम कॉर्बेट केवल शिकारी ही नहीं थे, अपितु भारत के 90 प्रतिशत बहादुर, ईमानदार एवं

निर्धन लोगों के हितैषी भी थे। वह सदा इन भोले-भाले लोगों को सच्चे हृदय से प्यार करते थे एवं उनके सुख-दुःख में सदा हाथ बँटाते थे। किसी बीमार को दवाई देना, उसके घाव की मरहम-पट्टी करना, गरीबों की पैसों से मदद करना आदि उनकी दिनचर्या थी। इसी ममतामयी सहानुभूति के कारण वह उस इलाके में 'अंग्रेज साधु' के नाम से प्रसिद्ध थे।

इस अंग्रेज महामानव ने अपने मित्रों एवं भारत के निर्धनों को विनम्र भाव से अपनी पुस्तक 'मेरा भारत' (माई इंडिया) समर्पित करते हुए लिखा है कि—"मेरे भारत में, उस भारत में जिसे मैं जानता-समझता रहा हूँ, चालीस करोड़ लोग बसते हैं। इनमें से 90 प्रतिशत लोग सीधे-सादे, ईमानदार, बहादुर, स्वामिभक्त और परिश्रमी जीव हैं। इन लोगों की भगवान् के प्रति या फिर जो शासक हो उसके प्रति प्रतिदिन की प्रार्थना इतनी ही होती है कि उन्हें जीवन की सुरक्षा प्राप्त हो और अपने श्रम के सुफल का उपभोग करने के लिए उन्हें संपत्ति प्राप्त हो। ये ही लोग हैं, जो निस्संदेह निर्धन-कंगाल हैं। इन्हीं कंगालों के मध्य मैं रहा हूँ और मैंने इनसे सच्चे हृदय से प्रेम किया है! यह पुस्तक भी मैं अपने इन्हीं मित्रों को, जी हाँ, भारत के निर्धनों को ही विनम्र भाव से समर्पित करता हूँ।" जिम कॉर्बेट ने अपने जीवन के 70 साल इन्हीं भोले-भाले एवं गरीब लोगों के साथ बिताए।

'रुद्रप्रयाग का आदमखोर बाघ' (मैन ईटिंग लेपर्ड ऑफ रुद्रप्रयाग) पुस्तक के अंत में उपसंहार शीर्षक से जिम कॉर्बेट लिखते हैं—

"सन् 1942 में मैं मेरठ में, द्वितीय विश्वयुद्ध से संबंधित कार्य कर रहा था और कर्नल फ्लॉय ने मुझे व मेरी बहन को युद्ध में घायल सैनिकों के मनोरंजन में सहयोग के लिए एक गार्डन-पार्टी में आमंत्रित किया था। जब हम पार्टी में पहुँचे, वहाँ भारत के हर क्षेत्र से आए करीब पचास-साठ सैनिक टेनिस-कोर्ट के चारों ओर बैठे थे। वे जायकेदार चाय लगभग पी चुके थे और सिगरेट का दौर चलनेवाला था। कोर्ट की दूसरी तरफ जाने के लिए मेरी बहन और मैं एक गोल चक्कर काटते हुए आगे बढ़े।

"ये सैनिक मध्यपूर्व की लड़ाई से आए थे और कुछ दिन के विश्राम के बाद कुछ को छुट्टी पर और कुछ को डिस्चार्ज (सेवानिवृत्ति) पर घर भेजा

जाना था।

''ग्रामोफोन पर श्रीमती फ्लॉय द्वारा उपलब्ध कराए गए भारतीय रिकार्ड बज रहे थे तथा मेरी बहन और मुझसे पार्टी के अंत तक रुके रहने का आग्रह किया गया था। पार्टी समाप्त होने में करीब दो घंटे का समय शेष था, इसलिए घायलों से मिलने के लिए हमारे पास पर्याप्त समय था।

''मैं गोल घेरे के अभी आधे में ही पहुँचा था कि एक नौजवान से मिलना हुआ जो नीची कुरसी पर बैठा था। वह बुरी तरह जख्मी था और उसकी कुरसी के पास जमीन पर दो बैसाखियाँ रखी थीं। मैं उसके पास पहुँचा ही था कि वह दर्द झेलता हुआ कुरसी से खिसका और मेरे पाँव पर अपना सिर रखने का प्रयास करने लगा। वह बहुत ही दुबला था क्योंकि वह कई महीने अस्पताल में गुजार चुका था। जब मैंने उसे थामा और कुरसी पर बिठा दिया तो उसने कहा, ''मैं आपकी बहनजी से बात कर रहा था और जब मैंने उन्हें बताया कि मैं गढ़वाली हूँ तो उन्होंने पूछा कि मैं कौन हूँ और गढ़वाल के किस क्षेत्र का हूँ। जब आपने आदमखोर को मारा तब मैं छोटा था, हमारा गाँव रुद्रप्रयाग से दूर है, इसलिए मैं वहाँ नहीं आ सका। मेरे पिता भी इतने बलवान नहीं थे कि मुझे उठाकर ला पाते। इसलिए मैं घर पर ही रहा। जब मेरे पिता घर लौटे तो उन्होंने बताया कि उन्होंने आदमखोर को देखा और उन साहब को भी जिन्होंने आदमखोर को मारा। जो मिठाई उस दिन बाँटी गई थी उसमें से वे अपने हिस्से की थोड़ी मिठाई मेरे लिए भी लाए थे। उन्होंने उस दिन की भीड़ के बारे में भी बताया था। और, अब साहब, मैं खुशी-खुशी घर जाऊँगा क्योंकि मैं अपने बापू को बता पाऊँगा कि मैंने खुद आपको देखा है। और, अगर मुझे कोई ले जानेवाला मिल गया तो मैं रुद्रप्रयाग के उस मेले में भी जाऊँगा जो आदमखोर की मौत की याद में मनाया जाता है। मैं मेले में जिससे भी मिलूँगा उसे बताऊँगा कि मैंने आपको देखा है, आपसे बात की है।'

''जवानी की दहलीज पर ही विकलांगता और युद्ध से टूटे शरीर को लेकर लौटे उस योद्धा में अपने शौर्यपूर्ण कारनामों को सुनाने का मोह नहीं था। उसे अपने पिता से केवल यह कहने की उत्सुकता थी कि उसने एक ऐसे

आदमी को देखा है जिसे मात्र इसलिए याद किया जा सकता है कि उसने एक गोली सही निशाने पर दागी थी।

"गढ़वाल का एक ठेठ गढ़वाली बेटा, सरल व साहसी, पहाड़ और उस महान् भारत का पुत्र था जिसकी संतानों को वही जान सकते हैं जिन्हें उनके बीच रहने का सौभाग्य प्राप्त हुआ हो। यही इस माटी के वे विशाल-हृदय सपूत हैं जिनकी कोई भी जाति या धर्म हो, विभिन्न वर्गों को जोड़कर एकजुट करेंगे और भारत को महान् राष्ट्र बनाएँगे।"

जंगल एवं जंगली जानवरों को बचाने के लिए आज जहाँ पूरा विश्व चिंतित है; विलुप्त हो रहे जानवरों की सुरक्षा के लिए कई प्रोजेक्ट बनाए जा रहे हैं, वहीं जिम कॉर्बेट को इसकी भनक आज से एक शताब्दी पहले लग गई थी। तब उन्होंने कहा था, "जंगल एवं जानवरों को इनसान के जालिम हाथों से बचाइए।" अगर उस समय उनकी इस राय को मान लिया होता तो आज उनके लुप्त हो रहे वंश को बचाने के लिए हमें इतनी कवायत नहीं करनी पड़ती।

कटते हुए जंगलों को देखकर वह दुःखी हो जाते थे। 'जीती-जागती कहानी जंगल की' में उन्होंने इस पर विस्तार से लिखा है—"अब आबादी के दबाव में जंगल गायब हो गए हैं और वे बड़े-बड़े इलाके जहाँ मेरे वक्त में जानवर बेखौफ घूमा करते थे, वहाँ अब खेती होने लगी है। जब से जंगलों का घनापन कम करने का काम शुरू हुआ है तब से इससे जुड़ी सारी बुराइयाँ हमारे जंगलों में आ गई हैं। हमारे जंगली जानवरों के लिए इससे ज्यादा बुरी बात कोई हो ही नहीं सकती थी। जंगलों का घनापन कम करने का नतीजा यह हुआ है कि जिन पेड़ों पर फल और फूल लगते थे और जिनसे कई पंछियों और जानवरों को खाना मिलता था, वे पेड़ पूरे-के-पूरे खत्म हो गए।

"जंगलों की यह बरबादी मेरी निगाह में कतई गैर-जरूरी थी। इस गैर-जरूरी कटाई का एक नतीजा यह भी निकला कि लाखों-लाख बंदरों को जंगल छोड़कर खेतों की तरफ आना पड़ा। अब सरकार की परेशानी यह है कि बंदरों के उत्पात से मुक्ति पाने का कोई तरीका उसके पास नहीं है क्योंकि हिंदुस्तान के लोग बंदरों के लिए बड़ी धार्मिक श्रद्धा रखते हैं। एक दिन

आएगा जब इस मुश्किल का इलाज ढूँढ़ना ही पड़ेगा और जिन लोगों को यह काम करना पड़ेगा उनके लिए भी यह खासा मुश्किल काम होगा, क्योंकि अकेले संयुक्त प्रांत में ही कम-से-कम एक करोड़ बंदर खेतों और बगीचों में होनेवाले फलों पर अपना गुजारा कर रहे हैं।''

आगे जंगलों में बिताए गए अपने अनुभवों को एवं प्रकृति के संतुलन को बनाए रखने के लिए बाघ या तेंदुए द्वारा जंगली जानवरों के शिकार को उचित ठहराते हुए जिम कॉर्बेट इसी पुस्तक में विस्तार से लिखते हैं—''जंगल में कुछ परिंदों और जानवरों का जिम्मा प्रकृति का संतुलन बनाए रखने का होता है और अपनी यह जिम्मेदारी पूरी करने और इसके साथ-साथ अपना पेट भरने के लिए उनके लिए जरूरी है कि वे शिकार करें। शिकार का यह काम जब भी मुमकिन होता है पूरी तैयारी और पूरी उस्तादी से किया जाता है। शिकार करनेवाले जानवर के लिए अपना काम तेजी से निपटाना इसलिए जरूरी है कि उसके दुश्मनों का ध्यान उसकी तरफ न जाए। और मुझे यह मान लेने में भी कोई बुराई नहीं दिखती कि मारने में इतनी तेजी दिखाने का इंतजाम कुदरत ने इसीलिए किया है कि मरनेवाले जानवर या परिंदे को कम-से-कम तकलीफ हो।

''जंगल में हर जानवर का शिकार करने का अपना तरीका होता है और हर मामले में जो अलग तरीका अपनाया होता है, उसमें इस बात का ध्यान रखा जाता है कि मारनेवाले जानवर और मरनेवाले में आकार का कितना फर्क है। मिसाल के तौर पर हमारे जंगलों में रहनेवाला बाज ज्यादातर अपना शिकार जमीन पर करता है। लेकिन कभी-कभी किसी छोटे परिंदे को वह हवा में ही पकड़कर मार लेता है और उड़ते-उड़ते ही खा भी लेता है। एक और मिसाल यह है कि शेर कभी अपने शिकार को काबू में करने के लिए उस पर सवार हो जाता है और कभी सिर्फ एक थप्पड़ में ही उसे निपटा देता है।

''जंगल में रहनेवाले जानवर अपने कुदरती माहौल में कभी भी गैर-जरूरी शिकार नहीं करते। बहरहाल, मजे के लिए या खिलाड़ी के तौर पर शिकार करने के मामले कभी-कभी देखने को मिलते हैं और कुछ जानवर खासतौर पर पाइन-मार्टिन, सीवट बिल्ली, नेवला वगैरह असामान्य परिस्थितियों

में अपनी जरूरत से ज्यादा शिकार कर लेते हैं। जंगल में 'खेल' शब्द का मतलब बड़ा लंबा-चौड़ा होता है और इसके कई मतलब निकाले जा सकते हैं। आगे चलकर मैं दो किस्से बयान करने जा रहा हूँ। हो सके तो इनका मतलब आप खूब खुले मन से निकालें।

"जब पर्सी विंडहैम साहब कुमाऊँ के कमिश्नर थे तो संयुक्त प्रांत के गवर्नर सर हरकोर्ट बटलर ने उन्हें एक अजगर लाने के लिए कहा। अजगर की जरूरत लखनऊ में तभी-तभी खुले चिड़ियाघर के लिए थी। जब विंडहैम साहब को गवर्नर की गुजारिश की खबर मिली तब वे अपना सर्दियोंवाला दौरा कर रहे थे। कालाढूंगी पहुँचने पर विंडहैम साहब ने मुझसे पूछा कि क्या तुम्हें ऐसे अजगर के बारे में मालूम है जो एक कमिश्नर, एक गवर्नर को पेश कर सके? अजगर ऐसा होना चाहिए जिससे हमारे जंगल की भी शान बढ़े। कमाल की बात यह थी कि मुझे सचमुच ऐसे शानदार अजगर की जानकारी थी। अगले दिन विंडहैम साहब, उनके दो शिकारी और मैं हाथी पर सवार होकर उस अजगर को देखने निकल पड़े। मैं इस अजगर को कई बरसों से जानता था इसलिए हाथी को रास्ता बताने में मुझे कोई मुश्किल नहीं हुई।

"अपनी पूरी लंबाई में अजगर पानी की धार में लेटा हुआ था और सोडावाटर जैसा साफ पानी अजगर के शरीर से एक-दो इंच ऊपर बह रहा था। देखनेवालों को यही लगता जैसे किसी अजायबघर में काँच की पेटी में सजाकर एक शानदार अजगर का नमूना रखा हो। अजगर को देखते ही विंडहैम साहब बोले, 'हाँ, यह बिलकुल वैसा ही अजगर है जैसा वह चाहते हैं।' उन्होंने महावत से रस्सी माँगी। महावत ने हौदा बाँधने के लिए इस्तेमाल की गई रस्सी के एक सिरे पर फंदा बनाया और दोनों शिकारियों को हाथी से उतरने को कहा। फंदा उनके हाथ में थमाते हुए विंडहैम ने उन्हें अजगर पकड़ लाने को कहा। दोनों शिकारियों के चेहरे पर डर भरी हैरत पैदा हुई और उन्होंने कहा, 'हमारे लिए यह काम बिलकुल नामुमकिन है।' विंडहैम साहब ने कहा, 'डरो मत'। उन्होंने डरे हुए दोनों शिकारियों को दिलासा दिलाया कि इस काम में कोई खतरा नहीं है, लेकिन फिर भी यदि अजगर उन पर हमला करने की कोशिश करता है तो वे उसे गोली से उड़ा देंगे। विंडहैम साहब के पास भरी

बंदूक थी। दोनों शिकारी इस भरोसे के कायल नहीं हो पाए, लिहाजा मेरी तरफ पलटते हुए विंडहैम साहब ने मुझसे पूछा कि क्या मैं उनकी मदद करना चाहूँगा? मैंने पूरा जोर देते हुए विंडहैम साहब को यकीन दिलाया कि शायद पूरी दुनिया में मेरे लिए इससे ज्यादा नापसंद काम कोई दूसरा नहीं होगा। विंडहैम साहब ने चुपचाप अपनी बंदूक मेरे हाथ में थमाई और नीचे खड़े शिकारियों से जा मिले।

"मुझे इस बात का सख्त अफसोस है कि इस मौके पर मेरे हाथों में मूवी कैमरे की जगह राइफल थी। अगले चंद मिनटों में जो हुआ वह वाकई फिल्म बनाने लायक था। अपनी पूरी जिंदगी में मैंने इतना मजेदार वाकया कभी नहीं देखा। विंडहैम साहब का इरादा यह था कि वे फाँसी जैसे फंदे में अजगर की पूँछ फँसाकर उसे सूखी जमीन पर खींच लेंगे और फिर उसे बाँध-बूँधकर हाथी पर लाद देंगे। विंडहैम ने जब अपना यह इरादा शिकारियों पर जाहिर किया तो उन्होंने रस्सी का फंदा विंडहैम को थमा दिया और कहा कि यदि आप इसे अजगर की पूँछ पर चढ़ा देंगे तो वे अजगर को बाहर खींच निकालेंगे। विंडहैम का पक्के तौर पर मानना यह था कि अजगर पर फंदा डालने का काम वह स्वयं शिकारी से ज्यादा महारत से कर सकेंगे। आखिरकार, दसियों बार आगे बढ़ने और पीछे हटने के बाद और अजगर को खबरदार न होने देने के लिए कई तरह की बेवकूफाना हरकतों के बाद तीनों आदमी पानी में उतर गए। हर आदमी की कोशिश यही थी कि वह जितना बन सके फंदे से उतना दूर रहे। यह सब करते हुए बड़े बेमन से वे अजगर के नजदीक पहुँचे। अब, जब अजगर उनसे हाथ भर दूर था तो वे फंदा डालने के लिए एक-दूसरे को आगे धकेलने लगे। इतने में अजगर ने अपना सिर एक या दो फुट ऊपर उठाया और मुड़कर उनकी तरफ बढ़ने लगा। दोनों शिकारियों ने हाँक लगाई, 'भागो साहब,' और पानी के बाहर भाग लिए। उनके पीछे विंडहैम भी भागे और तीनों दौड़ते हुए धार के किनारे उगी घनी झाड़ियों तक आ पहुँचे। उधर अजगर तैरता हुआ बड़े से जामुन के पेड़ की जड़ों में घुस गया और हमारी निगाहों से ओझल हो गया। इधर महावत और मैं पेट पकड़कर इतना हँसे कि हाथी से गिरते-गिरते बचे।

''एक महीने बाद मुझे विंडहैम की चिट्ठी मिली कि वे अगले दिन कालाढूंगी पहुँच रहे हैं और एक बार फिर अजगर को पकड़ने की कोशिश करेंगे। ज्यॉफ हापकिंस और इंग्लैंड से तभी-तभी आया एक दोस्त भी मेरे घर मौजूद था। विंडहैम की चिट्ठी मिलने पर हम तीनों यह देखने निकल पड़े कि अभी अजगर उसी जगह पर है या नहीं। जामुन के जिस पेड़ की जड़ों के नीचे अजगर उस दिन जा छिपा था, उसके नजदीक एक मैदान था जहाँ साँभर अकसर आया करते थे। साँभरों की कई पुश्तों के खुरों से दबकर वहाँ की मिट्टी एकदम बारीक पाउडर जैसी हो गई थी। अपना अजगर हमें इसी मिट्टी पर पड़ा मिला। हमारे पहुँचने के कुछ मिनट पहले ही ऊदबिलाव के एक जोड़े ने उसे मार दिया था।

''अजगर और घड़ियाल को मारने के लिए ऊदबिलाव एक खास तरीका अपनाते हैं। मैंने कभी सुना नहीं कि ऊदबिलाव अजगर या मगरमच्छ को खाने के लिए मारते हों—इसलिए यही माना जा सकता है कि वे यह शिकार सिर्फ मजे के लिए या खेल के लिए करते हैं। बहरहाल, उनका तरीका बड़ा अजीब है। अजगर या मगरमच्छ को अपने शिकार के तौर पर चुन लेने के बाद ऊदबिलाव जोड़े में आते हैं और अपने शिकार के दोनों तरफ मुस्तैदी से जुट जाते हैं। जब अजगर या मगरमच्छ एक तरफ, मान लीजिए कि दाईं तरफ से खुद को हमले से बचाता है तो बाईं तरफवाला हमला बोल देता है। ऊदबिलाव की कोशिश हर बार यही होती है कि वह अपने शिकार की गरदन पर और सिर से जितना नजदीक हो सके, अपने दाँतों से काटे। ऊदबिलाव बहुत ज्यादा फुर्तीले होते हैं। जब दाईं तरफवाला अपने शिकार को छकाता है तो बाईं तरफवाला फुर्ती से कूदकर अपने दाँत गड़ा देता है। इस तरह बारी-बारी से और हर बार थोड़ा-थोड़ा काटते हुए ऊदबिलाव अपने शिकार की पूरी गरदन इतनी गहरी काट डालते हैं कि नीचे की हड्डी दिखाई देने लगती है, हालाँकि तब भी मरने में अजगर और मगरमच्छ को कुछ समय लगता है, क्योंकि दोनों ही बड़े सख्तजान होते हैं और जिंदगी पर उनकी पकड़ बहुत मजबूत होती है।

''अभी जिस अजगर का वाकया मैंने बयान किया है उसकी लंबाई

साढ़े सत्रह फीट और मोटाई छब्बीस इंच थी। इस अजगर को मारने के दौरान ऊदबिलावों को भी अपनी जान का जोखिम जरूर रहा होगा। ऊदबिलाव बड़े कलेजेवाले जानवर होते हैं। बहुत मुमकिन है कि इनसानों की तरह उन्हें भी लगता हो कि जिस खेल में जितना ज्यादा जोखिम है, उसमें उतना ही ज्यादा मजा है।

''दूसरा वाकया एक बड़े हाथी की शेरों के जोड़े से लड़ाई का है। यदि आपको मेरी 'खेल के तौर पर शिकार' की थ्योरी से इत्तिफाक नहीं है तो जंगल के मालिक और जंगल के राजा-रानी के बीच हुई खूनी मुठभेड़ की कोई और वजह मैं आपको नहीं बता सकता हिंदुस्तानी अखबारों में इस मुठभेड़ के ढेरों चर्चे होते रहे और कई जाने-माने शिकारियों ने 'स्टेट्समैन' और 'पायनियर' अखबारों के संपादकों को भी पत्र लिखे। इस मुठभेड़ के बारे में जो थ्योरियाँ पेश की गईं, वे थीं : पुरानी अदावत, शेर के बच्चे को मारने का बदला और खाने के लिए मारना। इन लेखों और चिट्ठियों के लेखकों में से कोई भी मुठभेड़ का चश्मदीद गवाह नहीं था। ऐसे ही किसी और मामले के हवाले से जो नतीजे निकाले गए उनका भी कोई मतलब नहीं था, क्योंकि उस मामले का भी कोई अता-पता नहीं था। इस तरह ये सारी थ्योरियाँ धरी की-धरी रह गईं और इनसे कुछ साबित नहीं हो पाया।

''हाथी की मौत से खत्म हुई हाथी और शेरों की इस लड़ाई के बारे में मैंने पहले-पहल तब सुना जब तराई और भाबर के सुपरिंटेंडेंट ने मुझसे हाथी की लाश जलवाने की दरख्वास्त की और पूछा कि इस काम के लिए क्या मैं 200 गैलन पैराफीन अपने साथ ले जाना चाहूँगा? सुपरिंटेंडेंट के दफ्तर में बातचीत चली तो मुझे पता चला कि टनकपुर में शेरों ने एक हाथी को मार दिया है और लाश चूँकि पथरीले मैदान में पड़ी है इसलिए उसे दफनाया नहीं जा सकता था, इसीलिए उसे जलाने पर होनेवाले खर्च का सवाल पैदा हो गया था। यह जानकारी मेरे लिए बेहद दिलचस्प थी लेकिन बदकिस्मती से मामला दस दिन पुराना था और इस बीच सारे सबूत जल चुके थे और जमीन पर पड़े निशान भारी बरसात में धुल गए थे। टनकपुर के नायब तहसीलदार ने यह वाकया अपनी आँखों से तो नहीं देखा था, लेकिन उसने काफी कुछ सुन

रखा था। यह नायब तहसीलदार मेरा दोस्त था और मैं उसका एहसानमंद हूँ कि उसने मुझे जो बातें बताईं उन्हीं की बदौलत यह वाकया मैं आपको बताने जा रहा हूँ।

‘‘टनकपुर अवध-तिरहुत रेलवे की एक ब्रांच लाइन का अंतिम स्टेशन है और व्यापार-धंधे की निगाह से भी यह काफी बड़ी जगह थी। जहाँ शारदा नदी निचली नदियों से निकलती है बस वहीं टनकपुर भी बसा हुआ है। तीस साल पहले शारदा नदी टनकपुर के एकदम बाजू से बहती थी, लेकिन जैसा कि ज्यादातर बड़ी नदियों के साथ होता है, शारदा भी अपने नए रास्ते बनाती रहती है। जिन दिनों की बात मैं बता रहा हूँ, उन दिनों शारदा टनकपुर से दो मील दूर बहती थी। उसके करीब सौ फीट ऊँचे बड़े किनारे और नदी के बीच में पानी के छोटे-छोटे दर्जनों रास्ते बन गए थे और इन रास्तों के बीच बने टापुओं पर हलके से लेकर घने जंगल थे जिनमें पेड़, झाड़ियाँ और घास थी।

‘‘एक दिन टनकपुर में रहनेवाले दो मछुआरे नदी में जाल डालकर मछली पकड़ने गए। उन्हें लौटने में उम्मीद से ज्यादा देर हो गई थी। और जब उन्होंने दो मील दूर अपने घर की तरफ पैदल चलना शुरू किया तब सूरज डूब रहा था। घास का एक बड़ा हिस्सा पार करके वे अभी बाहर निकले ही थे कि उन्हें दूसरी तरफ दो शेर खड़े दिखाई दिए। पानी का रास्ता यहाँ करीब चालीस गज चौड़ा था और पानी की धारा बहुत पतली थी। चूँकि शेर उनके रास्ते में ही खड़े थे, इसलिए दोनों मछुआरे तुरंत दुबक लिए। इन दोनों ने पहले भी कई बार शेर देखे थे, इसलिए कोई खास घबराहट नहीं हुई थी। यहाँ यह बताना जरूरी है कि यदि आप जल्दी घबरानेवाले इनसान हैं तो जंगल के माहौल में आपको कई ऐसी चीजें दिखने या सुनाई देने लगेंगी जो वहाँ हैं ही नहीं। सूरज अभी डूबा ही था, इसलिए थोड़ी रोशनी मौजूद थी। चाँद पूरा निकला हुआ था और उसकी रोशनी में खुले मैदान में खड़े शेर एकदम साफ दिखाई दे रहे थे। तभी घास में अचानक हलचल हुई और मछुआरों की दिशा से बड़े दाँतोंवाला हाथी बाहर आया। यह हाथी टनकपुर के जंगलों में बड़ा मशहूर था और अपनी हरकतों की वजह से जंगल महकमे में उसने खासा बुरा नाम कमा रखा था। उसकी आदत थी कि वह फॉरेस्ट बँगलों के खंभे उखाड़

फेंकता था, जिससे बँगलों की छतें नीचे आ टपकती थीं। बहरहाल, यह हाथी उस किस्म का बदमाश नहीं था कि वह इनसानों से छेड़छाड़ करे या उन्हें मार डाले।

''जब हाथी पूरी तरह बाहर आ गया तो उसकी निगाह दूसरी तरफ खड़े शेरों पर पड़ी। हाथी ने अपनी सूँड ऊपर उठाई और जोर की चिंघाड़ भरकर शेरों की तरफ चल पड़ा। अब शेर भी हाथी का सामना करने के लिए पलटे। एक शेर तो हाथी के सामने खड़ा गुर्राता रहा और दूसरा घेरा काटकर हाथी के पीछे की तरफ चला गया और उसने हाथी की पीठ पर छलाँग लगा दी। अपने सिर को तेजी से दोनों तरफ झुलाते हुए हाथी ने पीठ पर चढ़े शेर को अपनी सूँड के जरिए पकड़ने की कोशिश की। इस बीच सामने खड़े शेर ने हाथी के सिर पर छलाँग लगा दी। हाथी अब गुस्से में चिल्ला रहा था और दोनों शेर पूरे गले से दहाड़ रहे थे। जब शेर गुस्से में दहाड़ते हैं तो यह आवाज बहुत ही डरावनी होती है। इस डरावनी आवाज में जब एक पगलाए हुए हाथी की चिंघाड़ भी आ मिली तो आवाज और ज्यादा डरावनी हो गई। कोई ताज्जुब की बात नहीं कि ये आवाजें सुनकर दोनों मछुआरे बुरी तरह डर गए और अपने जाल, और दिन भर में पकड़ी मछलियाँ वहीं पटककर टनकपुर की तरफ सिर पर पैर रखकर भाग लिये।

''उधर टनकपुर में घरों में शाम के खाने की तैयारियाँ चल रही थीं, जब जंगल में चल रही मुठभेड़ की आवाजें वहाँ सुनाई देनी शुरू हुईं। थोड़ी देर बाद ही जब मछुआरे मुठभेड़ की खबर लेकर वहाँ पहुँचे कि जंगल में एक हाथी और दो शेरों के बीच लड़ाई छिड़ी हुई है तो कुछ हिम्मती लोग लड़ाई देखने नदी के किनारे तक पहुँच गए। जब लोगों को यह समझ में आया कि हाथी और शेर लड़ते-लड़ते उन्हीं की तरफ आ रहे हैं तो एकदम भगदड़ मच गई और अगले ही कुछ मिनटों में टनकपुर में हर घर के दरवाजे मजबूती से बंद हो गए। लड़ाई कितनी देर चली इस बारे में लोगों के बयान अलग-अलग थे। कुछ लोग इस बात पर अड़े रहे कि लड़ाई आधी रात को खत्म हो गई थी।

''मिस्टर मैटेसन एक रिटायर्ड बुजुर्ग थे जो नदी के किनारे अपने बँगले

में रहते थे। लड़ाई जहाँ चल रही थी वहाँ से उनका बँगला बहुत नजदीक था। मिस्टर मैटेसन का कहना था कि लड़ाई कई घंटे चली और इतनी ज्यादा डरावनी और रोंगटे खड़े करनेवाली आवाजें उन्होंने जिंदगी में पहले कभी नहीं सुनी थीं। रात को गोलियाँ चलने की आवाज भी सुनाई दी थी, लेकिन यह बात साफ नहीं हो पाई कि ये गोलियाँ पुलिस ने चलाई थीं या मिस्टर मैटेसन ने। बहरहाल, जो भी हो, इन गोलियों का वह असर नहीं हुआ जो सोचा गया था। न तो लड़ाई बंद हुई और न ही जानवर वहाँ से दूर गए।

''अगली सुबह टनकपुर के लोग दुबारा उस ऊँचे से मैदान पर जा पहुँचे और बड़े-बड़े पत्थरों से भरे सौ फीट चौड़े किनारे पर उन्हें मरा हुआ हाथी दिखाई दिया। नायब तहसीलदार ने जैसी चोटें बयान कीं, उनसे समझ में आता था कि साफ तौर पर हाथी की मौत ज्यादा खून बह जाने से हुई थी। शेरों ने हाथी का कोई भी हिस्सा नहीं खाया था। मरे या घायल शेर भी न तो वहाँ तब पाए गए और न ही बाद में टनकपुर के आस-पास कहीं और पाए गए।

''मैं आपको पहले ही बता दूँ कि मुझे नहीं लगता कि शेरों का इरादा हाथी को जान से मारने का था। किसी पुरानी अदावत का बदला लेनेवाली थ्योरी, अपने बच्चे के मारे जाने से उपजा गुस्सा, पेट भरने के लिए हाथी को मारना जैसी बातें बहुत मायने नहीं रखतीं और समझ में भी नहीं आतीं। बहरहाल, सच्चाई यह है कि एक बड़ा हाथी जिसके दाँतों का वजन ही नब्बे पाउंड था, टनकपुर के नजदीक दो शेरों के हाथों मारा गया था और मेरा मानना यह है जिस बात की शुरुआत सिर्फ एक शरारत भरी खिलवाड़ से हुई, वह आगे चलकर इस खूनी जंग में बदल गई। शेरों के जोड़े में एक नर था और दूसरी मादा। वे उस वक्त सबसे ज्यादा खुशी देनेवाले कुदरती काम को अंजाम देने की तैयारी कर रहे थे कि तभी यह हाथी वहाँ पहुँच गया और उनके प्रेम में खलल डालने लगा। इसके बाद तो लड़ाई होना तय था। मेरा मानना है कि जब दूसरा शेर हाथी के सिर पर लपका तो उसने एक ही झपट्टे में हाथी की आँखें निकाल ली थीं और उसके बाद अंधा हुआ हाथी लगातार इधर-उधर भाग रहा था। ऐसे ही भागते-भागते वह नदी के किनारे आ पहुँचा था जहाँ

बाद में उसकी लाश पाई गई। यहाँ जमीन बड़े-बड़े गोल पत्थरों से भरी हुई थी, जिसकी वजह से हाथी को जमीन पर सही पकड़ नहीं मिल पा रही थी। यहाँ आकर हाथी एकदम बेबस हो गया था और वह पूरी तरह शेरों की दया का मोहताज हो गया था, लेकिन शेरों ने उससे जो जख्म खाए थे उनकी वजह से उन्होंने लाचार हाथी पर कोई दया नहीं दिखाई।

"सभी मांसाहारी जानवर अपने शिकार को दाँतों से मारते हैं। वे मांसाहारी जानवर जो अपने शिकार के पीछे दबे पाँव जाते हैं, वे अपने शिकार को पकड़ने और उसे अपनी गिरफ्त में लिए रहने के लिए पंजों का इस्तेमाल करते हैं और कई बार अपने शिकार की जान लेने के पहले उसे नाकाम बनाने के लिए वे अपने पंजों का इस्तेमाल करते हैं। जंगल में किसी मांसाहारी जानवर के हाथों उसके शिकार को मारा जाता हुआ देखना बड़ा मुश्किल है और बहुत कम लोगों को ही ऐसा मौका मिल पाता है। जब भी किसी को ऐसा मौका मिलता है तो मारनेवाले जानवर की शुरुआती हरकतें इतनी तेज होती हैं कि उन्हें समझ पाना बड़ा मुश्किल है। मुझे करीब बीस बार शेरों और तेंदुओं का शिकार बनते जानवरों को देखने का मौका मिला है, लेकिन मैं यह ठीक-ठीक बयान नहीं कर सकता कि अपने शिकार को पकड़ लेने के बाद उसे शेर या तेंदुआ किस ढंग से मारते हैं। सिर्फ एक बार मैंने देखा है कि एक मादा चीतल हवा के बहने की दिशा में घास खा रही थी और उस पर सामने से हमला किया गया। यह बात समझ में आती है कि शेरों और तेंदुओं के हाथों मारे जानेवाले ज्यादातर जानवरों के सींग उन्हें गहरी चोटें पहुँचा सकते हैं। इस मामले के अलावा बाकी सब मामलों में मैंने शिकार करनेवाले जानवर को शिकार के पीछे की तरफ से ही हमला करते देखा है। यदि एकदम पीछे से नहीं तो थोड़ा किनारे से। शेर और तेंदुए एक ही छलाँग या थोड़ा-सा दौड़ने के बाद अपने शिकार को पंजों से पकड़ लेते हैं और बिजली की रफ्तार से एक ही झटके में उन्हें गले से पकड़कर जमीन पर पटक देते हैं।

"अपने शिकार को जमीन पर पटकने में शेर या तेंदुए को बड़ा होशियार रहना पड़ता है, क्योंकि किसी बड़े साँभर या चीतल की एक दुलत्ती से ही उनका पेट फट सकता है। खुद को चोट से बचाने के लिए और अपने शिकार

को फिर से अपने पैरों पर खड़ा न होने देने के लिए वे अपने शिकार के सिर को जमीन की तरफ खींचते हुए उसे मरोड़ भी देते हैं। इस तरह जमीन पर पटका गया जानवर चाहे जितनी दुलत्ती झाड़े, शेर या तेंदुए को चोट लगने का खतरा नहीं रहता। इस हालत में यदि शिकार उठ बैठने या करवट लेने की कोशिश करेगा तो अपनी गरदन तुड़ाए बगैर वह ऐसा नहीं कर सकता। कई बार ऐसा भी होता है कि जब किसी बड़े जानवर को धरती पर पटका जाता है तो जमीन पर गिरने की वजह से ही उसकी गरदन टूट जाती है और कई बार गरदन तोड़ने के लिए शेर और तेंदुए अपने दाँतों का इस्तेनाल करते हैं। जब जमीन पर गिरने या हमलावर जानवर के दाँतों से गरदन नहीं टूट पाती तो उसे गरदन मरोड़कर मार दिया जाता है।

"जवान साँभर या चीतल की एक ही दुलत्ती शेर या तेंदुए के पेट की आँतें निकालने के लिए काफी है, इसलिए उन्हें शिकार को जमीन पर गिराते वक्त खास खयाल रखना पड़ता है। चोट से बचने और यह तसल्ली करने के लिए कि शिकार अपने पैरों पर खड़ा न हो सके, जमीन पर गिराते वक्त उसकी गरदन मरोड़कर उसे सिर के बल पटका जाता है। जब इस तरह शिकार को गिराकर काबू रखा जाता है, तब वह कितनी ही दुलत्तियाँ झाड़े, शेर या तेंदुए को कोई चोट नहीं पहुँचा पाता। शिकार न खड़ा हो सकता है, न पलट सकता है। पलटने पर गरदन टूट सकती है। आमतौर पर शिकारी जानवर के फाड़नेवाले लंबे दाँत गड़ने से गरदन टूट जाती है। जब शिकार की गरदन दाँत गड़ाने से नहीं टूटती तो उसे गला घोंटकर मार दिया जाता है।

"मैंने किसी तेंदुए को अपने शिकार के घुटने के पीछे की नस काटकर मारते नहीं देखा, हालाँकि शेर को मैंने ऐसा करते हुए बहुत बार देखा है। ऐसे सभी शिकारों की नस शेर अपने दाँतों से नहीं बल्कि पंजों से काटते हैं। नैनीताल से छह मील दूर समधर पहाड़ी पर मेरे दोस्त की गाय का शिकार ऐसे ही किया गया था। इसकी जानकारी मेरे दोस्त ने मुझे दी थी। मेरे दोस्त के पास गायों का झुंड था। उसने शेर और तेंदुए के हाथों कई ऐसे शिकार देखे थे। एक खास गाय की गरदन पर घाव के निशान नहीं थे, पर उसका मांस जिस तरह चीथड़े करके खाया गया था, उससे उसे यह शक हो रहा था कि

शिकारी जानवर शेर या तेंदुआ न होकर कोई और ही है। जब मुझे यह खबर मिली तब दिन निकला ही था। दो घंटे बाद हम मौका-ए-वारदात पर पहुँच गए। यह भरी-पूरी गाय थी जिसे पचास फुट चौड़े फायर ट्रैक पर मारा गया था और उसे खींचकर दूर ले जाने की कोशिश नहीं की गई थी। शिकार हुए जानवर के बारे में जैसा मुझे बताया गया था, उसके आधार पर मैं इस नतीजे पर पहुँचा था कि यह काम किसी काले भालू का है। ये भालू आदतन मांस खानेवाले नहीं हैं, लेकिन कभी-कभार शिकार कर लेते हैं। उनके पंजे या दाँत शेर-तेंदुए जैसे नहीं होते इसलिए भालुओं के शिकार का तरीका अटपटा और भद्दा है।

''यहाँ पहुँचकर मैंने देखा कि गाय का शिकार भालू ने नहीं बल्कि शेर ने किया था और वह भी बहुत अनोखे तरीके से। पहले गाय के घुटने के पीछे की नस काटी गई थी और फिर उसकी आँतें निकालकर खाया गया था। गाय मारने के बाद शेर ने पिछला हिस्सा फाड़कर मांस खा लिया था। पक्की जमीन पर पीछा करना मुमकिन न था। इसलिए मैंने बाकी दिन पास के जंगल में खोज करने में बिताया ताकि मैं जमीन पर खड़े-खड़े शेर पर गोली चला सकूँ। सूरज डूबने पर मैं अधखाए शिकार के पास पेड़ पर बैठा रहा। शेर न तो अपने इस शिकार पर वापस लौटा और न उन नौ शिकारों पर जिनमें छह गायें थीं और तीन जवान भैंसें थीं—जिनका उसने एक खास तरीके से शिकार किया था।

''जान लेने का यह तरीका इनसानी नजरिए से बहुत ज्यादा क्रूरता से भरा हुआ था, लेकिन एक शेर की निगाह से इसमें कोई क्रूरता नहीं थी। अपना पेट भरने के लिए यह जरूरी था कि वह दूसरे जानवरों की जान ले और जान लेने का तरीका इस बात से तय होता था कि उसकी खुद की जिस्मानी हालत क्या है। जान लेने के लिए यह शेर अपने चारों बड़े दाँतों का इस्तेमाल नहीं कर सकता था और न ही दाँतों से पकड़कर वह मरे हुए जानवर को घसीटकर कहीं ले जा सकता था। अपने शिकार का गोश्त निकालने के लिए उसे दाँतों के बजाय अपने पंजों का इस्तेमाल करना पड़ रहा था, इसी से यह साबित होता है कि उसमें कोई जिस्मानी खराबी थी। मैं पक्के तौर पर

यह मानता हूँ कि यह जिस्मानी खराबी किसी बेवकूफ शिकारी के हाथों लापरवाही से चलाई गई गोली से हुई होगी। तेज रफ्तारवाली एक बड़ी बुलेट ने उसका निचला जबड़ा तोड़ दिया होगा। मैं इस नतीजे. पर तभी पहुँच गया था जब मैंने इस शेर के हाथों शिकार हुए पहले जानवर को देखा था। मेरी यह सोच और ज्यादा मजबूत इसलिए भी होती गई क्योंकि शेर के दो शिकारों के बीच का वक्त लगातार बढ़ता जा रहा था और साथ ही हर नए शिकार का वह कम-से-कम हिस्सा ही खा पा रहा था। यह भी तय था कि उसे यह चोट अपने किसी शिकार को खाते वक्त लगी थी और इसीलिए वह कभी लौटकर अपने शिकार पर नहीं आता था। पहली बार में ही जितना खा सके उतना खाकर वह अपने शिकार को यूँ ही छोड़ देता था और दोबारा उसके नजदीक भी नहीं फटकता था। दसवें शिकार के बाद इस तरीके से और जानवरों का मारा जाना बंद हो गया। चूँकि इस इलाके में न तो कोई शेर मारा गया था और न ही किसी शेर की लाश मिली थी, इसलिए मेरा मन यह कहता है कि यह शेर बुरे हाल में घिसटता हुआ किसी गुफा में जा बैठा होगा और वहीं अपनी चोटों की वजह से उसकी मौत हो गई होगी। इस इलाके में ऐसी गुफाओं की कमी नहीं थी।

''जाहिर तौर पर यह एक अजीब मामला था, लेकिन पक्के तौर पर यह ऐसा अकेला मामला नहीं था जिससे मेरा वास्ता पड़ा हो। मैंने अपने जीवन में शेरों के हाथों मारे गए सबसे बड़े जो दो भैंसे देखे हैं उन्हें इसी तरीके से पंजों से उधेड़कर मारा गया था, जबकि शेर आमतौर पर अपने शिकार को पहले जमीन पर पटकता है, फिर उसकी जान लेने के बाद उसे खाना शुरू करता है।''

□

मोकामा घाट

कॉलेज की पढ़ाई बीच में छोड़कर जिम कॉर्बेट बिहार के मोकामा घाट चले आए और सन् 1892 से सन् 1917 तक 25 वर्ष रेलवे विभाग से जुड़े रहे। यहाँ पहले ईंधन निरीक्षक, फिर सहायक स्टेशन अधीक्षक व स्टोर कीपर तथा श्रम प्रबंधक के रूप में नौकरी की। उन्हें सौ रुपया महीना वेतन मिलता था। यहाँ भी नैनीताल एवं कालाढूंगी की तरह ही जंगली जानवरों एवं पशु-पक्षियों से उनका नाता बना रहा। उनके आने से पहले यहाँ मजदूरों की हड़ताल आम बात थी, परंतु जब तक जिम कॉर्बेट रहे कभी भी हड़ताल नहीं हुई। जब कभी मज़दूरों को कई महीनों तक वेतन नहीं मिलता था तो वह स्वयं काफी चिंतित हो जाते थे तथा अपने बचाए पैसों में से कुछ उनमें बाँट देते थे और अपना खाना कम कर सिर्फ दाल रोटी में ही गुजारा कर लेते थे। कुछ दिनों बाद जब कुछ बचत जमा हो गई तब उससे मजदूरों के बच्चों के लिए स्कूल खोला। इस स्कूल में बच्चों को निःशुल्क पढ़ाया जाता था। बाद में इस स्कूल की व्यवस्था सरकार ने अपने हाथ में ले ली थी। इसी प्रकार अपने वेतन में से बची हुई रकम से कॉर्बेट ने कर्मचारियों के लिए क्लब की भी स्थापना की, जहाँ कर्मचारी एवं उनके बच्चे विभिन्न खेल खेला करते थे। बुद्धू नामक एक बंधुआ मजदूर पर दुष्ट साहूकार द्वारा किए जा रहे उत्पीड़न को देखकर कॉर्बेट बेहद दुःखी हुए। उन्होंने उस मजदूर को साहूकार के ऋण से मुक्ति दिलाई।

इस संदर्भ में 'मेरा भारत' (माई इंडिया) में वह विस्तार से लिखते

हैं—''बुद्धू अछूत जाति का एक व्यक्ति था। जितने वर्षों तक मैं उसके संपर्क में रहा, मैंने उसे कभी हँसते हुए नहीं देखा। उसका जीवन विषमता और कठिनाइयों की ही एक कहानी था। जीवन की भीषणता की कटार उसके हृदय में गहरी धँस चुकी थी। जब वह काम पाने की आशा लेकर मेरे पास आया था, तब उसकी आयु 35 वर्ष के लगभग थी। दुबले-पतले और लंबे शरीरवाला बुद्धू दो नन्हे बच्चों का पिता था। उसके अनुरोध पर मैंने उसे मोकामा घाट पर ब्राड-गेज के डिब्बों से मीटर-गेज के डिब्बों में कोयला भरने का काम सौंपा, क्योंकि यही एक ऐसा काम था, जिसमें पुरुष और स्त्री साथ-साथ काम कर सकते थे। बुद्धू की इच्छा थी कि उसकी पत्नी भी उसी के साथ काम करे।

''एक दिन बुद्धू और उसकी पत्नी काम पर हाजिर नहीं थे। कोयला ढोनेवाले मजदूरों के प्रमुख से पूछने पर ज्ञात हुआ कि पिछले ही दिन बुद्धू के नाम एक पोस्टकार्ड आया था। अगली सुबह बुद्धू अपने परिवार के साथ कहीं चला गया। जाते समय कह गया है कि वह जितना शीघ्र संभव हो सकेगा, काम पर लौट आएगा। दो महीने बाद बुद्धू अपनी पत्नी के साथ वापस आया और अपने पुराने क्वार्टर में रहने लगा। दोनों पहले की भाँति पुन: उत्साह सहित काम में जुट गए। अगले साल भी ठीक उन्हीं दिनों के आस-पास बुद्धू फिर सपरिवार काम छोड़कर कहीं चला गया। अब तक बुद्धू का वह कृष शरीर पर्याप्त स्वस्थ हो चुका था और उसकी पत्नी भी दुबलापन खोकर एक स्वस्थ स्त्री बन चुकी थी। दूसरी बार जब वे काम छोड़कर गए, तब पूरे तीन महीने बाद वापस आए। इन तीन महीनों में उनके स्वस्थ शरीर पुन: थके-माँदे और जीर्ण-शीर्ण हो चुके थे।

''मैं अपने श्रमिकों के व्यक्तिगत मामलों में कभी दखल नहीं देता, क्योंकि भारतीय लोग इस विषय में अत्यंत संवेदनशील और संकोचशील होते हैं। परंतु यदि कोई मुझसे अपने व्यक्तिगत विषय में सलाह लेना चाहता हो अथवा कोई अपने आप मुझे अपनी निजी बातें बताए तो मैं उसकी बातें सुन अवश्य लेता था। अत: मुझे यह नहीं ज्ञात हो सका कि बुद्धू एक निश्चित बँधे

समय पर ही काम क्यों छोड़ जाता है या यह एक कार्ड मिलने के बाद ही ऐसा क्यों करता है? श्रमिकों की डाक मुखिया को दे दी जाती थी और वे डाक को संबंधित व्यक्ति तक पहुँचा देते थे। मैंने बुद्धू की पत्नी को कह दिया कि अब जब बुद्धू का पोस्टकार्ड आए, तो उसे मेरे पास भेज देना। नौ महीने बाद की बात है। कोयले का यातायात जोरों पर था और हर व्यक्ति अपनी संपूर्ण शक्ति के साथ काम में जुटा हुआ था। बुद्धू हाथ में एक पोस्टकार्ड लिए मेरे कार्यालय में आया। पोस्टकार्ड जिस लिपि में लिखा हुआ था, वह मैं पढ़ नहीं सकता था, अतः मैंने बुद्धू से ही कहा कि वह पत्र पढ़ दे। बुद्धू भी उसे पढ़ने में असमर्थ था, क्योंकि उसे पढ़ना-लिखना सिखाया ही नहीं गया था। उसने बताया कि उसकी पत्नी ने उसे वह पत्र पढ़कर सुनाया है। वह पत्र उसके मालिक (बुद्धू के मालिक) ने भेजा था, जिसमें बुद्धू को मालिक की फ़सल काटने के लिए तुरंत बुलाया गया था। बुद्धू ने उस दिन मेरे कार्यालय में अपनी जो रामकहानी सुनाई, वह न केवल उसकी, बल्कि भारत के लाखों निर्धनों की आप-बीती है। बुद्धू की रामकहानी इस प्रकार थी—

'मेरे दादा खेतिहर मजदूर थे। उन्होंने अपने गाँव के बनिए से दो रुपए उधार लिए थे। बनिए ने उन दो रुपयों में से एक रुपया तो साल भर के अगाऊ ब्याज के रूप में काट लिया। एक रुपया नकद मेरे दादा के हाथ में थमा दिया और अपने बहीखाते में कुछ लिखकर दादा के हाथ का अँगूठा लगवा लिया। मेरे दादा समय-समय पर ब्याज के रूप में कुछ आने चुका दिया करते थे। दादा के मरने के बाद वह कर्जा मेरे पिता के कंधों पर लाद दिया गया। तब तक वह कर्जा बढ़कर 50 रुपए हो गया था। मेरे पिता के जीवनकाल में वह कर्जा बढ़कर 115 रुपए हो गया। इसी बीच वह बूढ़ा बनिया मर गया और उसके बेटे ने उसकी गद्दी सँभाली। मेरे बाप के मरने के बाद बनिए के बेटे ने मुझे बुला भेजा और कहा कि चूँकि वह कर्जा बढ़कर बहुत बड़ी रकम हो चुकी है, इसलिए जरूरी है कि उस कर्जे के बारे में ठीक तरह से रसीद लगा कानूनी उधार-पट्टा लिखवा लिया जाए। उसके कहे अनुसार मैंने वैसा ही किया। मेरे पास रसीदी कागजों या रजिस्ट्रेशन के

जरूरी कागजों के लिए देने को पैसा नहीं था, सो उस बनिए ने मेरे कर्जे की रकम में ही वह खर्चा भी जोड़ दिया। अब ब्याज वगैरह मिलाकर कुल रकम 130 रुपए तक जा पहुँची थी। बनिए ने मुझ पर विशेष कृपा करके ब्याज की दर घटाकर 25 प्रतिशत कर दी। यह विशेष कृपा उसने इस शर्त पर की थी कि मैं और मेरी बीबी हर साल उसकी फसलों की कटाई में बिना मजूरी लिए काम करेंगे और जब तक कर्जा चुक न जाए यह काम हमें बिना मजूरी के ही करते रहना होगा। यह प्रतिज्ञा-पत्र उसने एक अन्य कागज पर लिख लिया और मेरा अँगूठा कागज पर भी लगवा लिया। पिछले दस बरसों से मैं और मेरी बीबी बनिए की फसलों को काटने में मदद करते आ रहे हैं। हर साल बनिया पैसों का हिसाब लगाता है और उन ऋण-पत्र में पीछे हिसाब लिखकर मेरा अँगूठा लगवा लेता है। मुझे नहीं मालूम कि जब से वह कर्जा मेरे सिर लादा गया है, तब से वह कितना बढ़ चुका है। कई सालों तक मैं उस कर्जे के एवज में एक पाई भी नहीं दे सका, मगर जब से मैं आपके यहाँ काम कर रहा हूँ, मैंने 5, 7 तथा 13 रुपए इस तरह कुल पच्चीस रुपए जमा करवाए हैं।'

"इस ऋण को अस्वीकार करने या देने से मुकर जाने की बात बुद्धू के कभी सपने में भी नहीं आई थी। ऋण की अस्वीकृति के विषय में तो वह सोच भी नहीं सकता था क्योंकि उसी के कथनानुसार—'ऐसा करने से उसका मुँह काला हो जाएगा। इससे भी बुरी बात यह होगी कि इससे उसके पिता की और दादा की बदनामी होगी।' फलस्वरूप उसने नकद या श्रम के रूप में ऋण की अदायगी चालू रखी और ऋण-मुक्ति का विचार सदा सर्वदा के लिए त्यागकर वह जीवन की गाड़ी यूँ ही धकेलता जा रहा था। उसके मरने के बाद भी यह परंपरा टूटेगी नहीं, क्योंकि उस ऋण का जुआ उसके बड़े पुत्र के कंधों पर लाद दिया जाएगा।

"बुद्धू से मुझे यह ज्ञात हुआ कि बनिए के गाँव में एक वकील रहता है। मैंने उस वकील का नाम और पता लिख लिया और बुद्धू से कहा कि वह यहीं काम चालू रखे और उस बनिए से मैं निपटता हूँ। इसके बाद वकील

से मेरा बहुत सा पत्र-व्यवहार हुआ। वह वकील एक दृढ़हृदयी ब्राह्मण था। एक घटना के कारण वह उस बनिए का पक्का शत्रु बन गया था। बनिए ने उसे एक बार अपमानित करते हुए घर से बाहर निकालकर लज्जित किया था और कहा था, 'तुम अपना काम देखो, मेरे बीच में मत आओ।' वकील से मुझे यह ज्ञात हुआ कि वह बहीखाता न्यायालय में न्याय-प्रमाण के रूप में उपस्थित नहीं किया जा सकता, क्योंकि उस पर जिन व्यक्तियों के अँगूठों की छाप है, उन्हें मरे जमाना हो गया था, परंतु बनिए ने बड़ी चतुराई से बुद्धू को बहकाकर ऐसा कानूनी उधार-पट्टा लिखवा लिया था, जिसमें स्पष्ट उल्लेख था कि बुद्धू ने बनिए से 25 प्रतिशत की दर से कुल 150 रुपए उधार लिया है। वकील ने मुझे मुक़दमा न लड़ने की सलाह दी, क्योंकि बुद्धू ने जो ऋण-पत्र लिख दिया था, वह पूर्णत: वैध था और बुद्धू ने उसकी तीन किश्तें चुकाकर तथा ऋणपत्र के पीछे अँगूठे लगाकर उस ऋणपत्र की वैधता को नि:संदिग्ध बना दिया था।

''जब मैंने उस ऋण की 25 प्रतिशत ब्याज सहित पूरी रकम मनीऑर्डर से वकील को भेजी, तब बनिए ने वह ऋणपत्र वकील को लौटा दिया, परंतु बुद्धू और उसकी पत्नी का बिना मजूरी फसल कटाई का जो प्रतिज्ञा-पत्र था, वह लौटाने से इनकार कर दिया। जब मैंने वकील की सलाह के अनुसार उसके विरुद्ध लूट और शोषण का मुकदमा चलाने की धमकी दी, तब जाकर बनिए ने वह प्रतिज्ञा-पत्र वकील को लौटाया।

''इधर जितने दिनों तक यह सारी लंबी कारवाई चल रही थी, बुद्धू निरंतर अत्यंत व्याकुल रहता था। उसने इस विषय में मुझसे कभी एक शब्द भी नहीं कहा, परंतु जब-जब मैं काम करते समय उसके पास से गुजरता था, उसकी दृष्टि मानो यह कह रही होती थी, 'सर्वशक्तिमान बनिए के विरुद्ध साहब को खड़ा करके मैंने बड़ी मूर्खता की है।' उसकी मुखाकृति कहती थी, 'अगर अभी वह बनिया एकदम आ धमके और मेरे इस आचरण का जवाब-तलब करे, तो?' अंततोगत्वा एक दिन मुझे रजिस्टर्ड डाक से एक भारी लिफाफा प्राप्त हुआ। खोलकर देखने पर उसमें एक कानूनी ऋण-पत्र

निकला, जिस पर अँगूठे के निशानों की भरमार थी। साथ ही एक प्रतिज्ञा-पत्र भी था, उस पर भी अँगूठों की छाप की संख्या कम नहीं थी। उसमें रसीदी टिकट लगी वकील साहब की फीस की एक रसीद भी थी। साथ ही वकील साहब का एक पत्र था, जिसमें उन्होंने लिखा था कि अब बुद्धू एक 'आजाद आदमी' हो गया है। यह मामला रफा-दफा करने में मेरे कुल 225 रुपए खर्च हुए।

"उस शाम बुद्धू काम समाप्त करके जा रहा था कि मैं उससे जाकर मिला। सारे कागजात मैंने लिफाफे से बाहर निकाले और उससे कहा, 'लो, इन कागजों को थामे रखो, ताकि मैं इन्हें आग की भेंट कर सकूँ।' सुनते ही बुद्धू तुरंत बोल उठा, 'ना, साहब ना, इन्हें जलाइए मत, क्योंकि मैं अब आपका गुलाम हूँ। भगवान् ने चाहा, तो आपका यह गुलाम एक न एक दिन सारा कर्जा आपको जरूर चुका देगा।'

"बुद्धू कभी हँसता तो था ही नहीं, स्वभाव से ही वह अत्यंत शांत था। जब मैंने उससे कहा, 'अच्छा, यदि तुम इन कागजों को जलाने नहीं देते हो, तो लो, यह सब अपने पास ही रख लो।' तो उसने अपने दोनों हाथ जोड़े और झुककर मेरे पाँव छू लिए। जब उसने सिर ऊपर उठाया और पलटकर जाने लगा, मैंने देखा उसके कोयले से विरूप हुए मुख पर आँसुओं की गंगा-जमुना कई धाराओं में होकर बह रही थी।

"इस प्रकार एक व्यक्ति उस ऋण से मुक्त हुआ, जिस ऋण ने तीन पीढ़ियों को अपना शिकार बनाए रखा था। यह एक ही आदमी की रामकहानी हो, ऐसी बात नहीं। लाखों ऐसे हैं, जिनकी कमर ऋण के बोझ से दबकर पीढ़ियों से टूटती आ रही है। मैं तो केवल उन लाखों में से एक की मुक्ति का माध्यम बन सका, परंतु यदि ऐसे हजारों-हजारों का भी उद्धार मेरे हाथों हो पाता, तो भी मुझे उतना आनंद न होता, जितना कि उस दिन हुआ। बुद्धू की उस मूक भाषा ने मेरे अंतरतम में वह भाव पहुँचा दिया, जो कार्य कोमलतम सुललित शब्दों द्वारा भी संभव न हो पाता। उस दिन आँसुओं के कारण अंधी डबडबाती आँखें लेकर लड़खड़ाता हुआ बुद्धू जब अपनी पत्नी को यह बताने

चला कि बनिए का कर्जा चुका दिया गया है, और अब स्वतंत्र हो गए हैं, तब उस दृश्य मात्र से क्या उसके हृदय के भाव पढ़े नहीं जा सकते थे?''

महान् हिंदी उपन्यासकार प्रेमचंद की कहानी 'सवा सेर गेहूँ' की कहानी से भी यह कहानी मिलती-जुलती है। कहानी के लेखक के अनुसार वह भी एक सच्ची कहानी थी। इस प्रकार जिम कॉर्बेट एक अच्छे शिकारी, पर्यावरणविद् एवं महान् लेखक के साथ ही एक असाधारण व दयावान व्यक्ति भी थे।

नैनीताल एवं कालाढूंगी से दूर रहने के बावजूद उन्हें सदा गाँववालों की याद सताती रहती थी। जब भी गाँववालों पर कोई विपत्ति आती अथवा नरभक्षी बाघ का आतंक उन्हें सताने लगता, वे अपने प्रिय जिम कॉर्बेट को तार द्वारा सूचित कर देते थे। वह तुरंत छुट्टी लेकर कालाढूंगी या नैनीताल उनके दु:ख-दर्द में शामिल होने पहुँच जाते थे। इस बीच उन्होंने तीन कुख्यात आदमखोरों का शिकार भी किया।

इस संदर्भ में जिम कॉर्बेट अपनी पुस्तक 'मेरा भारत' (माई इंडिया) में लिखते हैं—''भयभीत ग्रामीणों ने चंदा जमा कर मुझे एक अर्जेंट तार देने के लिए एक आदमी को पैदल नैनीताल दौड़ाया। मैं भी इनका निमंत्रण पाकर मोकामा घाट से (जहाँ कि मैं नौकरी करता था) सीधा भागा चला आया था, ताकि उन्हें उस नरभक्षक से मुक्ति दिला सकूँ। हुआ यह था कि अपनी 12 वर्षीय पुत्री के साथ एक स्त्री गेहूँ काट रही थी कि अकस्मात् एक बाघ वहाँ आ प्रकट हुआ। जैसे ही वह लड़की सुरक्षा के लिए अपनी माँ की ओर भागी, बाघ ने उस पर हमला बोल दिया, झटका देकर उसका सिर धड़ से बिलकुल अलग तोड़ डाला और उछला हुआ शरीर अधर में ही झेलकर पास के जंगल में गायब हो गया। अभागी लड़की का सिर अभागन माँ के पैरों के पास पड़ा रहा।

''एक तो तार भेजने में, यहाँ तक कि अर्जेंट तार भेजने में भी दूरी के कारण बहुत दिन लग जाते हैं। दूसरे मुझे रेल मार्ग और सड़क मार्ग द्वारा कम-से-कम हजार मील की यात्रा करनी पड़ी, ऊपर से बीस मील पैदल

और चलना पड़ा। परिणाम यह हुआ कि तार देनेवाले दिन से लेकर मेरे गाँव पहुँचने के दिन तक एक सप्ताह गुजर गया। इस बीच उस बाघ ने एक और हत्या कर डाली। इस बार बाघ ने एक स्त्री को शिकार बनाया था। यह बेचारी स्त्री अपने पति तथा बाल-बच्चों के साथ हमारे नैनीतालवाले घर के पासवाले बाड़े में बरसों तक रही थी। वह अन्य स्त्रियों के साथ गाँव के ऊपरवाली पहाड़ी पर घास काट रही थी कि बाघ ने उस पर आक्रमण कर दिया, उसे मार डाला और साथी स्त्रियों के देखते-देखते उसे घसीटते हुए ले चला। भयभीत स्त्रियों की चीख-पुकार गाँववालों ने भी सुनी। गाँव के कुछ लोग इकट्ठे हो गए। अदम्य साहस दिखलाते हुए उन्होंने बाघ को भगा दिया। वे अच्छी तरह जानते थे और उन्हें पूरा भरोसा था कि तार मिलते ही मैं अवश्य आऊँगा। क्यों न हो, वे भारतीय थे और एक भारतीय का विश्वास बहुत गहरा और दृढ़ होता है। इसी विश्वास के बल पर उन्होंने बाघ का शिकार बनी उस स्त्री के शव को एक कंबल में लपेटा और बीस फीट ऊँचे बुरूश वृक्ष की सबसे ऊँची शाखा से बाँध दिया। बाघ की बाद की हरकतें और प्रयत्नों से यह बात साफ हो गई थी कि गाँववालों की सारी काररवाई को वह पास ही से छिपकर अवश्य ही देख रहा था। यदि उसने लोगों को वृक्ष पर लाश टाँगते हुए देखा ना होता, तो वह उस लाश को कभी भी पा नहीं सकता था। कारण यह कि बाघ में गंध की शक्ति कतई नहीं होती।

"स्त्रियों ने घटना की सूचना नैनीताल जाकर दी। खबर पाकर मृत स्त्री का पति मेरी बहन मैग्गी के पास आया और उसने अपनी पत्नी की हत्या का समाचार सुनाया। अगले दिन सुबह होते ही मैग्गी ने कुछ आदमियों को उस लाश के लिए पास के किसी पेड़ पर मचान बनाने भेज दिया और स्वयं मेरे आने की प्रतीक्षा करने लगी। उसी दिन मेरे आने की संभावना थी। मचान बनाने की सारी साधन-सामग्री गाँव से जुटाई गई थी। गाँववालों के साथ मिलकर जब मेरे आदमी उस बुरूश वृक्ष के पास पहुँचे, तो देखा कि बाघ ने पेड़ पर चढ़कर कंबल को फाड़ डाला था और लाश लेकर चंपत हो गया था। मैं गाँववालों तथा अपने आदमियों के अत्युच्च साहस की प्रशंसा

किए बिना नहीं रह सकता कि निहत्थे होते हुए भी उन्होंने घसीट के निशानों के सहारे-सहारे आधे मील तक उसका पीछा किया था। जब वहाँ जाकर गाँववालों को कुछ अंशत: खाई हुई लाश मिली, तो उन्होंने झटपट पास के एक बुरूश वृक्ष पर मचान बाँधना शुरू कर दिया। अभी मचान बाँधना पूरा हुआ ही था कि नैनीताल का एक शिकारी संयोगवश वहाँ आ निकला, जो दिन भर शिकार की खोज में भटकता फिरा था। उसने आकर मेरे आदमियों से कहा, 'मैं कॉर्बेट साहब का मित्र हूँ। अब तुम सब गाँव चले जाओ। मैं अब स्वयं बाघ का शिकार करने मचान पर बैठूँगा।' अस्तु।...

"उस जंगल में निष्फल खोज के बाद मैं काफी शाम बीते गाँव वापस पहुँचा, तो मुखिया की पत्नी ने मेरे लिए भोजन बनाया और उसकी लड़कियों ने पीतल की थालियों में भोजन परोसकर मेरे सामने ला रखा। मैंने दिन भर कुछ खाया नहीं था, सो खूब डटकर और बड़े स्वाद से भोजन किया। भोजन के उपरांत थालियों को पास के सोते में धोकर लाने के इरादे से मैंने जैसे ही थालियाँ उठाईं कि तभी वे तीनों लड़कियाँ लपककर आगे आईं और मेरे हाथ से थालियाँ छीनकर सिर मटकाती और हँसती हुई कहने लगीं, 'जो हम आपकी जूठी थाली धो देंगी, तो इसमें हमारी जात नहीं बिगड़नेवाली। आप तो जी साधु हैं—गोरे साधु—अंग्रेज साधु।' यहाँ यह बता दूँ कि वे लोग जाति के ब्राह्मण थे।"

इसी तरह गढ़वाल में नरभक्षी तेंदुए ने जब आतंक मचाना शुरू किया तो गाँववालों ने जिम कॉर्बेट को पत्र लिखा। पत्र के प्रारूप का 'कुमाऊँ के नरभक्षी' नामक पुस्तक में जिम कॉर्बेट ने इस प्रकार वर्णन किया है—

प्रेषक,

पट्टी पैनाउन, बुंगी और बिकला बादलपुर,, जिला गढ़वाल की जनता

सेवा में,

कैप्टेन जे.ई. कॉर्बेट, आई.ए.आर.ओ. कालाढूंगी, जिला नैनीताल

आदरणीय महोदय,

(उपर्युक्त तीन पट्टियों की) जनता, हम लोग विनम्रता और आदरपूर्वक निम्नलिखित पंक्तियाँ आपके पास दयापूर्ण विचार करने और आवश्यक काररवाई के लिए प्रस्तुत करते हैं।

कि पिछले दिसंबर से इस इलाके में एक शेर नरभक्षी बन गया है। आज दिन तक वह 5 व्यक्तियों को मार तथा 2 को घायल कर चुका है। अतः हम जनता के लोग बहुत मुसीबत में हैं। इस शेर के डर के मारे रात को हम अपनी गेहूँ की फसल की निगरानी नहीं कर पाते, परिणामस्वरूप हरिणों ने उसका लगभग सत्यानाश कर डाला है। चाराघास काटने हम जंगल में नहीं जा पाते, न हम अपने ढोर-डंगरों को जंगल में चरने भेज सकते हैं, जिसके कारण हमारे अधिकांश पशु मरने ही वाले हैं। इन परिस्थितियों में हम लगभग बरबाद होनेवाले हैं। वन अधिकारी यह शेर मारने के लिए सभी संभव प्रयत्न कर रहे हैं, परंतु कोई सफलता मिलने की उम्मीद नहीं है। दो शिकारी महानुभावों ने भी उसे गोली से मारने की कोशिश की, परंतु दुर्भाग्य से वह उन्हें मिला ही नहीं। हमारे दयालु जिला मजिस्ट्रेट ने इस शेर को मारने के लिए 150 रुपए का पुरस्कार घोषित किया है, अतः हर कोई इसे मारने का प्रयत्न कर रहा है, परंतु सफलता नहीं मिली। हमने सुना है कि आप श्रीमान् ने अनेक नरभक्षी शेरों और तेंदुओं को मारा है। इसके लिए आपका अच्छा नाम भी हुआ है, विशेषतः कुमाऊँ प्रभाग में। नागपुर के प्रसिद्ध नरभक्षी तेंदुए को आपने ही गोली मारी थी। यह यहाँ की सारी जनता की आवाज है कि यह शेर भी आपके हाथों ही मारा जाएगा। अतः हम जनता के लोग आपसे प्रार्थना करने की धृष्टता करते हैं कि आप यहाँ इस जगह आने का कष्ट उठाएँ और (हमारे शत्रु) इस शेर को मारें और जनता को इस मुसीबत से बचाएँ। आपकी इस दया के लिए हम जनता के-लोग आपके अतिरिक्त कृतज्ञ होंगे और आपके दीर्घ जीवन और समृद्धि के लिए भगवान् से प्रार्थना करते हैं। आशा है कि आप हमारी दशा पर अवश्य विचार करेंगे और इस मुसीबत से हमें बचाने के लिए यहाँ आने का कष्ट करेंगे। यहाँ आने का मार्ग इस प्रकार है, रामनगर से सुलतान, सुलतान से लहाचौड़, लहाचौड़ से

कांडा। यदि आप महामहिम जी रामनगर अपने आने की सूचना हमें दें तो हम अपने आदमियों और गाड़ी को रामनगर आपसे मिलने और आपका साथ देने के लिए भेज देंगे।

दिनांक : झरत
हम रहना चाहेंगे,
18 फरवरी, 1930
श्रीमन
ग्राम : झरत, पट्टी पैनाउन
आपके सर्वाधिक निष्ठावान
डा. बादलगाँव, जिला गढ़वाल स.प्रा.
ह. गोविंदसिंह नेगी

प्रधान ग्राम झरत

इसके उपरांत पैनाउन, बुंगी और बिकला बादलपुर पट्टियों के निवासियों के 40 हस्ताक्षर और 4 अँगूठों के निशान हैं।

1907 से 1938 के बीच जिम कॉर्बेट ने 33 नरभक्षियों का शिकार कर उन्हें मार गिराया। इनमें 19 बाघ और 14 तेंदुए थे। सरकारी रिकॉर्ड के अनुसार इन बड़ी बिल्लियों ने गाँवों के पुरुषों, महिलाओं और बगों को मिलाकर 1200 लोगों को मौत के घाट उतारा था।

जिम ने पहला बाघ चंपावत में मारा था। इस बाघ को चंपावत बाघ नाम से जाना जाता था। रिकॉर्ड के अनुसार चंपावत के बाघ ने 436 इनसानों को मारकर खाया था। जिम ने पानेर में एक नरभक्षी तेंदुए को भी मार गिराया था। कहा जाता है कि यह तेंदुआ 400 लोगों को मारकर खा चुका था। इस तेंदुए की खोपड़ी और दाँत वगैरह की जाँच करने के बाद पता चला कि उसके दाँत खराब हो चुके थे और उसे दाँतों की बीमारी भी थी। यह रुद्रप्रयाग इलाके का सबसे प्रसिद्ध तेंदुआ था। इस नरभक्षी के कारण केदारनाथ और

बद्रीनाथ जानेवाले तीर्थयात्रियों में 10 साल तक इसका आतंक बना रहा। कई तीर्थयात्रियों को इसने निशाना भी बनाया। जिम ने एक आदमखोर बाघिन चौघिन और मोहन नाम के एक बाघ को भी मार गिराया था।

मारे गए ज्यादातर बाघों और तेंदुए की खोपड़ी और शरीर के अन्य हिस्सों की जाँच के बाद जिम को पता चला कि ये तमाम आदमखोर तेंदुए और बाघ किसी-न-किसी बीमारी से ग्रस्त थे या फिर घायल थे। अधिकांश घाव किसी गोली के लगने से बने थे। जिम कॉर्बेट के अनुसार अधिकांश बाघ या तेंदुए किसी शिकारी की गोली से घायल होने के बाद प्राकृतिक शिकार करने में असमर्थ होने के चलते आदमखोर बने थे। घायल अवस्था में राहगीरों को अपना आसान शिकार मान उन्हें मारकर अपना पेट भरने लगे थे। अपने इस आकलन का उल्लेख उन्होंने अपनी पुस्तक 'मैन ईटर्स ऑफ कुमाऊँ' में भी किया है।

जिम हमेशा अकेले शिकार करना पसंद किया करते थे और वह भी जंगल में पैदल घूमते हुए। उन्हें जंगल में यह रोमांचक खेल खेलने में आनंद आता था। हाँ, जंगल में शिकार के लिए जाते समय उनके साथ उनका एक साथी रहा करता था—उनका पालतू छोटा सा कुत्ता रॉबिन। जिम ने अपनी पहली किताब में इस कुत्ते रॉबिन का भी उल्लेख किया है। जिम ने कई बार अपनी जान जोखिम में डालकर औरों की जान बचाई थी। यही कारण था कि कुमाऊँ में लोग उन्हें संत या भगवान् की तरह सम्मान देते थे। शेष भारत भी उन्हें संरक्षणवादी के तौर पर स्मरण करता है।

□

छोटी हल्द्वानी

जिम कॉर्बेट महान् शिकारी एवं पर्यावरणविद् ही नहीं सफल कृषक भी थे। नैनीताल से बीस किलोमीटर दूर कालाढूंगी में उन्होंने सन् 1917 में चालीस एकड़ खेती योग्य जमीन गुमान सिंह बरुआ से 1500 रुपए में खरीदी और चालीस स्थानीय किसान परिवारों को अपने साथ रखकर छोटी हल्द्वानी नाम से एक गाँव बसाया। उनकी इच्छा इस गाँव को एक आदर्श गाँव बनाने की थी। आज भी इस गाँव में 150 परिवार अपने 750 सदस्यों के साथ रह रहे हैं। यहाँ के निवासियों की भलाई के लिए उन्होंने कई कदम

उठाए। रहने के लिए घर बनवाए, सिंचाई के लिए नहर व ग्रामवासियों तथा फसल की रक्षा के लिए गाँव के चारों ओर पत्थर एवं चूने से तीन मील लंबी दीवार का निर्माण भी करवाया। कॉर्बेट के लिए ग्रामवासी परिजनों के समान थे। उनके चले जाने के साठ साल बाद भी आज तक इस गाँव की मौलिकता बनी हुई है। कच्चे एवं पक्के मकान उसी हालत में हैं, जैसे जिम कॉर्बेट छोड़कर गए थे। उनके एक विश्वासपात्र साथी मोती की झोंपड़ी तूफान में बार-बार उड़ जाती थी। कॉर्बेट साहब ने उसके रहने के लिए उसी स्थान पर एक पक्का मकान बनाकर दिया। उसका नाम उन्होंने मोती हाउस रखा। कुछ दिन बाद मोती का तपेदिक की बीमारी से देहांत हो गया। बाद में मोती का बेटा पनुवा अपनी माँ, पत्नी एवं बच्चों के साथ उस घर में रहे। मोती की तीसरी पीढ़ी आज भी जिम की उस धरोहर को जीवित रखे हुए है। बाहर से आनेवाले पर्यटक आज भी उस घर को देखने आते हैं।

मोती के अलावा कुँवर सिंह भी जिम साहब का एक विश्वासपात्र साथी था। जिम कॉर्बेट एवं उनके भाई टाम सदा उसे अपने साथ शिकार पर ले जाते थे। वह चाँदनी चौक ग्राम का मुखिया था। इसी तरह एक अन्य बहादुर खाँ भी कॉर्बेट साहब का अभिन्न मित्र था। वह छोटी हल्द्वानी गाँव का मुखिया था तथा फोटोग्राफी में उनकी मदद करता था।

शाम को ग्रामवासियों के साथ चौपाल में बैठकर जिम कॉर्बेट उनकी समस्याएँ सुनते थे तथा जंगली जानवरों द्वारा उनकी फसल के नुकसान का जायजा लेते थे। 'चौपाल' कुमाऊँनी संस्कृति का एक अभिन्न अंग है। ग्रामवासी वहाँ आराम करने तथा आपसी परामर्श के लिए एकत्रित होते हैं। तब छोटी हल्द्वानी में इस तरह की तीन चौपालें थीं। दो चौपालें तो समय के साथ इतिहास में लुप्त हो गई हैं, सिर्फ एक शेरसिंह चौपाल अब शेष है।

फसलों को बचाने के लिए किसानों को जिम कॉर्बेट ने एक बंदूक दी हुई थी। सभी ग्रामवासी बारी-बारी से उस बंदूक से जंगली जानवरों से अपने खेतों की रक्षा करते थे। उन दिनों शस्त्रों पर पाबंदी थी इसलिए चालीस ग्रामवासियों के लिए एक-नली भरुआ बंदूक ही पर्याप्त थी। छोटी हल्द्वानी

छोड़ते समय जिम साहब अपनी इस बंदूक को अपने साथी शेरसिंह को भेंट कर गए। उनके पुत्र त्रिलोकसिंह आज भी इस उपहार का सम्मान करते हैं।

छोटी हल्द्वानी गाँव जिम की बहन मैगी को भी खूब भाया। उसकी प्रशंसा में उन्होंने लिखा है—''अकसर मैं जब यहाँ पर शाम को नरम धूप में लहलहाते खेतों व उनके पीछे नीले पर्वतों का मनोरम दृश्य देखती तो मुझे यह लगता कि यह दुनिया का सबसे सुंदर गाँव है।'' दोनों भाई-बहन उन किसानों के साथ काफी घुलमिल गए थे। सभी तीज-त्योहार जैसे बैशाखी, होली, दीपावली एवं क्रिसमस ग्रामवासी मिलजुलकर उनके साथ ही मनाते थे।

विश्वयुद्ध के दौरान कॉर्बेट साहब हिंदुस्तान से बाहर थे तथा उनकी बहन मैगी अकेली ही अपने कालाढूंगीवाले घर एवं नैनीताल स्थित गर्नी हाउस में रहती थीं। इस संबंध में जिम साहब का कहना था कि—

''विश्वयुद्ध के दिनों में मैगी सर्दियों के दिन बिताने कालाढूंगीवाले हमारे घर में अकेली रहा करती थी। यातायात की कोई सुविधा या साधन नहीं, और सबसे पास का शहर भी 14 मील दूर था, परंतु कभी एक क्षण के लिए भी मेरे मन में उसकी सुरक्षा के विषय में चिंता उत्पन्न नहीं हुई, क्योंकि मैं जानता था—वह मेरे मित्रों के बीच बिलकुल सुरक्षित होगी—जी हाँ, मेरे मित्र अर्थात् भारत के निर्धन।''

छोटी हल्द्वानी गाँव जाने के लिए स्थानीय प्रशासन अकेले जाने की इजाजत नहीं देता है। एक गाइड के साथ ही उस ग्राम में जाया जा सकता है। वही पर्यटकों को उस गाँव के इतिहास के बारे में विस्तृत जानकारी देता है। वहाँ रात्रि विश्राम की भी व्यवस्था है। इसके लिए कॉर्बेट ग्राम विकास समिति कुछ शुल्क लेती है।

इन गाँववालों से उनका इतना लगाव हो गया था कि केन्या जाते हुए उन्होंने इस गाँव की जमीन को उन किसानों में मुफ्त में बाँट दिया। उनका घर जंगल के बीच में होने के कारण इसके आस-पास जंगली जानवरों एवं पक्षियों का डेरा सदा बना रहता था। जिम सर्दियों में यहीं रहते थे तथा गरमियों में नैनीतालवाले घर गर्नी हाउस आ जाते थे। उन दिनों आवागमन के कोई

साधन न होने के कारण जिम साहब पैदल ही आया-जाया करते थे। जिम की माताजी तथा अन्य सदस्य पालकी में आते-जाते थे। माताजी के देहांत के बाद मैगी उस पालकी का प्रयोग कर लेती थीं, परंतु कॉर्बेट साहब ने अपने जीवन में कभी भी पालकी या घोड़े का इस्तेमाल नहीं किया। वह पालकी कालाढूंगी स्थित उनके म्यूजियम में आज भी सुरक्षित रखी हुई है। यह रास्ता जंगलों से होकर गुजरता था। रास्ते में घने पेड़-पौधों एवं जंगली जानवरों एवं प्रकृति को उन्होंने बचपन में निकट से देखा और समझा। यहीं से उनमें जंगली जानवरों के प्रति प्रेम एवं उनसे भय दूर हो गया।

जिम के लिए जंगल एक घर के समान था। उन्हें वनों के जीवन का इतना अनुभव हो गया था कि वे जंगल के संकेतों से ही यह भाँप लेते थे कि वहाँ क्या परिस्थितियाँ घटित हो रही हैं। उनकी इस कला ने कई आदमखोर बाघों व तेंदुओं पर विजय पाने में महत्त्वपूर्ण योगदान दिया।

□

नरभक्षी शेर

कोई भी शेर या तेंदुआ जन्म से नरभक्षी नहीं होता। परिस्थितियाँ उसे नरभक्षी बना देती हैं। इस बात को मानते हुए जिम कॉर्बेट ने 'कुमाऊँ के नरभक्षी' (मैन ईटर ऑफ कुमाऊँ) पुस्तक की भूमिका में शेर या तेंदुआ के मानवभक्षी बन जाने के संबंध में लिखा है—"नरभक्षी शेर ऐसा शेर होता है जो ऐसी परिस्थितियों का दबाव पड़ने पर, जिन पर उसका कुछ बस नहीं चलता, ऐसा भोजन (आहार) अपनाने को विवश हो जाता है जो उसके लिए स्वाभाविक आहार नहीं होता। परिस्थितियों का दबाव दस में से नौ मामलों में जख्मों का और दसवें मामले में बुढ़ापे का परिणाम होता है। जिस जख्म के कारण कोई शेर नरभक्षण करने लग जाता है, वह लापरवाही से चलाई गई गोली लगने और उसके बाद और गोलियाँ चलाकर उस जख्मी शेर को पूरी तरह से मार न दिया जाने का परिणाम हो सकता है। मनुष्य शेरों का प्राकृतिक आहार नहीं है और शेर मानव को अपना शिकार तभी बनाता है जब घाव लग जाने या बूढ़ा हो जाने के कारण वह अपना स्वाभाविक शिकार मारने में असमर्थ हो जाता है और जीने के लिए उसे नरमांस खाने पर मजबूर होना पड़ जाता है।

"अपने स्वाभाविक शिकार को मारते समय, जो वह उसके पीछे चुपके-चुपके जाकर अथवा उसकी प्रतीक्षा में लेटे रहकर करता है, शेर की सफलता उसके आक्रमण की तेजी और उससे कुछ कम उसके दाँतों और पंजों की दशा पर निर्भर करती है। इसलिए यदि शेर को एक या उससे अधिक पीड़ादायक घाव लगे हुए हैं अथवा उसके दाँत नहीं हैं या दोषपूर्ण हो गए हैं और उसके

पंजे घिस गए हैं अथवा जिन जानवरों को मारकर खाने का वह अभ्यस्त है, उन्हें वह पकड़ नहीं पाता तो जरूरत की मजबूरी से वह आदमी को मारने लग जाता है। जानवरों के मांस से बदलकर नरमांस पर आ जाना, मेरा विश्वास है अधिकांश मामलों में दुर्घटनावश होता है। दुर्घटना से मेरा तात्पर्य क्या है इसका उदाहरण मैं मुक्तसर की नरभक्षी शेरनी का किस्सा बताकर दूँगा। इस शेरनी की, जो अभी जवान ही थी, सेही से हुई मुठभेड़ में एक आँख जाती रही थी और सेही के करीब पचास काँटे जिनकी लंबाई एक से नौ इंच तक थी, उसकी बाँह और अगली टाँग की गद्दी में घुस गए थे। इनमें से कुछ काँटे हड्डी से टकराकर यू (U) की शक्ल बनाते हुए वापस मुड़ गए थे, जिनकी नोक और टूटा हुआ किनारा दोनों बिलकुल पास-पास आ गए थे। जब उसने दाँतों से काँटे निकालने की कोशिश की तो ऐसा करने से वहाँ पीब भरे रिसते घाव बन गए। जब वह घनी घास के टुकड़े में लेटी भूख से बेचैन अपने घाव चाट रही थी तभी एक स्त्री ने घास का यही टुकड़ा अपने डंगरों के लिए चारा काटने के हेतु चुना। शेरनी ने पहले इस पर कुछ ध्यान नहीं दिया, पर जब वह स्त्री घास काटती-काटती उस जगह तक आ गई जहाँ वह लेटी हुई थी, तो शेरनी ने प्रहार

किया और उसी चोट से उस स्त्री की खोपड़ी फट गई। तत्काल उसकी मृत्यु हो गई। अगले दिन वह स्त्री खोजने पर मिली तो वह एक हाथ में दराँती और दूसरे हाथ में घास का गुच्छा, जिसे वह काटने ही वाली थी, पकड़े हुए थी, जब शेरनी ने उस पर प्रहार किया था। उस स्त्री को वहीं छोड़कर, जहाँ वह गिरी थी, शेरनी लँगड़ाती हुई लगभग एक मील से अधिक दूरी तक गई और वहाँ एक गिरे हुए वृक्ष के नीचे एक खोखल में जाकर आश्रय लिया। दो दिन बाद एक आदमी उस नीचे गिरे हुए वृक्ष से बंधन काष्ठ काटने के लिए आया और शेरनी ने, जो कुछ दूरी पर लेटी हुई थी, उसे मार डाला। आदमी वृक्ष के ऊपर गिर पड़ा और चूँकि उसने अपना कोट और कमीज उतार दिए थे और मरते समय शेरनी का पंजा उसकी पीठ पर पड़ा था, हो सकता है कि उसके शरीर से धीरे-धीरे बहते रक्त की गंध ने—जब वह वृक्ष के तने पर पड़ा उस पर झूल रहा था—उसे पहले-पहल यह विचार दिया हो कि वह कोई ऐसी चीज है जिससे उसकी भूख मिट सकती है। बात जैसी भी रही हो, पहले उसने पीठ से थोड़ा-सा मांस का टुकड़ा खाया। उसके एक दिन बाद उसने अपना तीसरा शिकार जानबूझकर मारा और बिना किसी तरह की भड़कानेवाली कार्यवाही किए जाने के बाद तो वह जमी-जमाई नरभक्षी बन गई और अंतिम रूप से निपटाए जाने से पूर्व वह चौबीस लोगों को मारकर खा चुकी थी।

‘‘ताजे मारे शिकार पर आया शेर अथवा घायल शेर अथवा छोटे शावकों को साथ लिए शेरनी कभी-कभार ऐसे आदमियों को मार डालते हैं जो उन्हें विघ्न पहुँचाते हैं। परंतु ये शेर, कल्पना को कितना ही बढ़ाकर क्यों न देखें, नरभक्षी नहीं कहे जा सकते, हालाँकि इन्हें बहुधा ऐसा कहा जाता है। व्यक्तिगत रूप से मैं नरभक्षी की श्रेणी में रखने से पूर्व शेर को एक बार और फिर एक बार संदेह का लाभ देना चाहूँगा और जहाँ भी संभव हो सका है किसी शेर या तेंदुए द्वारा, जैसी भी स्थिति हो, मारा गया शिकार आलेखों में वैसा लिखा जाने से पूर्व, मारे गए शिकार की मृत्योपरांत परीक्षा कराऊँगा। शेर या तेंदुओं द्वारा अथवा मैदानों में भेड़ियों द्वारा मारे कहे जानेवाले मनुष्यों की मृत्योपरांत परीक्षा कराने का विषय बहुत महत्त्वपूर्ण है क्योंकि मैं ऐसे मामले जानता हूँ जहाँ ऐसी

मृत्यु को अन्यायपूर्वक क्रव्यभोजियों के मत्थे मढ़ दिया गया है, परंतु मैं इनके उदाहरण नहीं दूँगा।

''लोक में यह गलत प्रवाद फैला हुआ है कि सभी नरभक्षी बूढ़े और खुजैले होते हैं और खुजली का कारण नरमांस का अधिक नमकीन होना बताया जाता है। नरमांस और जानवरों के मांस की आपेक्षिक लवण मात्रा पर कोई राय देने की योग्यता मुझमें नहीं है, परंतु मैं कह सकता हूँ और जोर देकर कहता हूँ कि नरभक्षियों की खाल पर किसी तरह का हानिप्रद प्रभाव पड़ने की बात तो जाने ही दीजिए, इसका उन पर इससे उलटा ही प्रभाव पड़ा है क्योंकि वे सभी नरभक्षी जो मैंने देखे हैं, उनकी खाल दर्शनीय सुंदर पाई गई है।

''इन नरभक्षियों के संबंध में एक अन्य लोक विश्वास यह फैला हुआ है कि उनके बच्चे स्वत: नरभक्षी बन जाते हैं। यह काफी तर्कसंगत प्रस्थापना है, परंतु वास्तविक तथ्यों से इसकी पुष्टि नहीं होती। और किसी नरभक्षी के बच्चे अपने आप नरभक्षी क्यों नहीं बन जाते, इसका कारण यह है कि मनुष्य शेर या तेंदुए का स्वाभाविक शिकार नहीं है। बच्चा वह सब कुछ खाएगा जो उसे उसकी माँ लाकर देगी और मुझे सिंह शावकों द्वारा नरहत्या करने में अपनी माँ की सहायता करने का भी पता है, परंतु अपने माँ-बाप की सुरक्षा छोड़कर चले गए या माँ-बाप के मारे जाने के बाद शेर के एक भी ऐसे बच्चे का मुझे पता नहीं है जिसने नरहत्या करने का काम अपना लिया हो।

''क्रव्यभोजियों द्वारा मारे गए आदमियों के बारे में बहुधा यह संदेह प्रकट किया जाता है कि उन्हें मारने का जिम्मेदार कोई शेर या तेंदुआ है। सामान्य नियम यही है जिसका कोई अपवाद मुझे देखने को नहीं मिला—कि दिन में जितने लोग-बाग मारे गए हैं उनके लिए जिम्मेदार शेर होता है और जो लोग अँधेरे के समय मारे जाते हैं उन्हें मारने की जिम्मेदारी तेंदुओं पर जाती है। दोनों जानवर अर्द्धरात्रिचर वन निवासी हैं, दोनों की आदतें एक जैसी हैं, मारने में दोनों एक जैसा ढंग अपनाते हैं और दोनों अपना मारा शिकार लंबी-लंबी दूरियों तक उठाकर ले जाने में समर्थ हैं। इसीलिए यह आशा की जा सकती है कि दोनों एक ही समय शिकार किया करें पर वे ऐसा नहीं करते। इसका कारण

यही है कि इन दोनों जानवरों के साहस में अंतर पाया जाता है। जब शेर नरभक्षी बन जाता है तो उसमें मानवों का कुछ भी भय नहीं रह जाता और चूँकि रात की अपेक्षा मानव दिन में अधिक स्वतंत्रता से इधर-उधर विचरता है, शेर अपना शिकार दिन के प्रकाश में प्राप्त कर सकता है और इसके लिए रात के समय उनकी बस्तियों में शिकार करने की कोई आवश्यकता नहीं होती। इसके विपरीत तेंदुआ कई लोगों को मार चुकने के बाद भी कभी मानवों के प्रति भय से मुक्त नहीं हो पाता और चूँकि वह दिन के प्रकाश में मानव का सामना नहीं करना चाहता, वह अपना शिकार रात्रि के समय जब वे इधर-उधर फिर रहे होते हैं अथवा रात को उनके घरों में घुसकर प्राप्त करता है। इन दोनों जानवरों की इन विशिष्टताओं के कारण अर्थात् एक का मानव भय जाता रहता है और वह दिन का प्रकाश रहते समय उन्हें मारता है, जबकि दूसरे का मानव भय बचा रहता है और वह रात में उन्हें मारता है, नरभक्षी तेंदुओं को मारने की अपेक्षा नरभक्षी शेरों को मारना कहीं अधिक आसान रहता है।

''नरभक्षी शेर कितनी बारंबारता से अपना शिकार मारता है कि यह इन बातों पर निर्भर है (अ) जिस क्षेत्र में वह कार्यरत है, वहाँ उसके स्वाभाविक आहार की प्राप्ति कितनी है, (आ) जिस अयोग्यता के कारण वह नरभक्षी बना है वह किस किस्म की है और (इ) वह नर है अथवा बच्चोंवाली मादा।

''हम लोगों में वे लोग जिन्हें किसी विषयविशेष पर अपनी स्वयं की राय बनाने के अवसर प्राप्त नहीं है, वे प्रायः दूसरों की राय स्वीकार कर लेते हैं। अन्य बातों की अपेक्षा यह बात शेरों के बारे में कहीं ज्यादा स्पष्ट दिखाई देती है। यहाँ मैं खास करके नरभक्षियों की बात नहीं कह रहा, आम शेरों के बारे में कह रहा हूँ। जिस लेखक ने सबसे पहले 'शेर जैसा क्रूर' और 'शेर की तरह खून का प्यासा' जैसे शब्द नाटकों के खलनायक की दुष्ट प्रकृति पर जोर डालने के प्रयत्न स्वरूप प्रयुक्त किए, उसने न केवल उस प्राणी के प्रति, जिसे उसने बदनाम किया, अपना खेदजनक अज्ञान प्रकट किया, बल्कि ऐसे वाक्यांश भी गढ़ दिए जो सारी दुनिया में फैल गए, और उन थोड़े लोगों को छोड़कर, जिन्हें उनके बारे में अपनी राय स्वयं बनाने का अवसर मिला है, बाकी

सभी लोगों में शेरों के विषय में फैली हुई गलत धारणाओं के लिए प्रधानत: वे ही जिम्मेदार हैं।

''जब मैं 'शेर जैसा क्रूर' या 'शेर की तरह खून का प्यासा' वाक्यांश छपे हुए देखता हूँ तो मैं पुरानी भरवाँ बंदूक से लैस हुए एक छोटे से बालक के विषय में सोचने लगता हूँ जिसकी सर्भा नाल छह इंच तक फटी हुई थीं और जिसकी नाल और कुंदा पीतल के तारों से बाँधकर अलग-अलग होकर गिरने से रोके हुए थे। यह बालक तराई और भाबर के जंगलों में उन दिनों घूमता-फिरता रहता था जब वहाँ आज के बचे एक-एक शेर के मुकाबले दस-दस शेर हुआ करते थे। रात होने पर वह जहाँ भी होता, वहीं सो जाता, साथ में गरमी लाने के लिए थोड़ी आग जलाए रखता। बीच-बीच में शेरों की आवाज कभी कुछ दूर से तो कभी-कभी बहुत पास से ही सुनकर जाग जाता। आग में कुछ लकड़ियाँ डालता, करवट बदलता और बिना किसी बेचैनी की बात मन में लाए फिर अपनी विघ्न पड़ी नींद लेना शुरू कर देता। अपने थोड़े से अनुभव और दूसरों के अनुभवों से, जिन्होंने उसी की तरह जंगल में दिन बिताए थे, जिन्हें उसने सुना था अथवा दिन के समय शेर से बचते हुए जब कोई मिल ही जाए और यदि ऐसा न हो पाए तो उसके गुजरकर निकल जाने तक चुपचाप शांत होकर खड़ा रहने और उसके बाद मार्ग पर आगे बढ़ने पर वह जानता था कि बिना छेड़-छाड़ किए शेर किसी को कुछ नहीं कहता। और मैं सोचने लगता उसके बारे में, जब वह आधा दर्जन जंगली मुरगियों के पीछे लगा हुआ था, जो खुले में चुग रही थीं तो धीरे-धीरे प्लुम की झाड़ी के पास पहुँच, खड़ा हो उन्हें देखने लगने पर झाड़ी हिली और उसके दूसरी तरफ से एक शेर बाहर निकला, झाड़ी खाली हो गई, वह मुड़ा और चेहरे पर ऐसा भाव लिए जो उतना ही स्पष्ट था जितने तद्विषयक शब्द होते, हेल्लो, बच्चे, तुम यहाँ किस खुराफात में लगे हो? लड़के की ओर देखा और कोई उत्तर न पाकर मुड़ा और बिना एक बार भी पलटकर देखे मंथर गति से धीरे-धीरे वहाँ से चला गया। और फिर मुझे उन हजाराधिक पुरुषों, स्त्रियों और बच्चों का खयाल आता है जो जंगल में काम करने या घास काटने या सूखी लकड़ियाँ बटोरने दिनानुदिन ऐसी जगहों

के पास से गुजरते हैं जहाँ शेर लेटे हुए रहते हैं, पर इतना तक नहीं जान पाते कि वे इस तथाकथित क्रूर और रक्त पिपासु जानवर के पर्यवेक्षण में रहकर आए हैं।

''उस दिन से जब प्लुम की झाड़ी से शेर निकलकर बाहर चला गया था, अब आधी सदी बीत चुकी है, जिसके अंतिम बत्तीस वर्ष लगभग नियमित रूप से नरभक्षियों का पीछा करने में ही बीते हैं और यद्यपि ऐसे दृश्य भी देखने को मिले हैं जिन पर पत्थर भी रोने लगते हैं; मेरे देखने में एक भी ऐसा मामला नहीं आया कि कोई शेर जानबूझकर इस सीमा तक क्रूर और रक्त पिपासु रहा हो कि उसने बिना छेड़-छाड़ हुए अपनी या अपने बच्चों की क्षुधापूर्ति के लिए आवश्यकता से अधिक किसी की हत्या की हो।

''वस्तु योजना में शेर का कार्य प्रकृति का संतुलन बनाए रखने में सहायता देना ही है और अति दुर्लभ अवसरों पर जब अत्यधिक आवश्यकता से वह अत्यधिक मजबूर ही हो जाए तो वह किसी आदमी की हत्या करता है अथवा जब उनका स्वाभाविक आहार मानव द्वारा निर्दयतापूर्वक समाप्त कर दिया जाए तो वह दो प्रतिशत ढोर-डंगर (पालतू पशु) मारता है, जिन्हें मारने का आरोप उस पर लगाया जाता है। इस कार्य के लिए उसकी पूरी जाति पर क्रूर और रक्त पिपासु होने का ठप्पा लगा देना उचित नहीं कहा जा सकता।

''मैं जानता हूँ कि शिकारी अपरिवर्तनीय होते हैं, जिसका कारण यह है कि अपनी राय बनाने में उन्होंने वर्षों लगाए होते हैं। और चूँकि प्रत्येक आदमी का अपना अलग-अलग दृष्टिकोण होता है इसलिए यह स्वाभाविक ही है कि उनकी राय में छोटी-छोटी यहाँ तक कि कुछ बड़ी बातों में भी परस्पर अंतर पाया जाता है। इसी कारण मैं यह शेखी नहीं मारना चाहता कि वे सभी राय जो मैंने यहाँ अभिव्यक्त की हैं, सभी लोगों की स्वीकृति पा सकेंगी।

''इतने पर भी एक बात ऐसी है जिस पर मैं पूरी तरह दृढ़ हूँ कि सभी शिकारी--चाहे उनका दृष्टि बिंदु पेड़ पर बाँधा गया मचान हो या हाथी की पीठ या उनके अपने पैर—मुझ से एक बात में सहमत होंगे और वह यह है कि शेर अथाह साहसी, विशाल हृदय और सज्जन होता है और यदि उसे विलुप्त

कर दिया गया—और यदि सहायतार्थ उसे सार्वजनिक समर्थन न मिल पाया तो वह विलुप्त हो ही जाएगा—तो अपनी प्राणी जातियों में सर्वोत्तम इस प्राणी जाति का विलोप होने से भारत बहुत विपन्न रह जाएगा।

''शेरों के विपरीत तेंदुए कुछ सीमा तक झाड़ू लगानेवाले सफाईदार हैं और बिना रोक-टोक जानवरों का कत्लेआम करके भी उनका स्वाभाविक आहार उन्हें नहीं मिल पाता तो नरमांस का स्वाद पाकर वे नरभक्षी बन जाते हैं।

''हमारे पहाड़वासी प्रधानतया हिंदू हैं और इस कारण अपने मृतकों का वे दाह संस्कार करते हैं। यह दाह क्रिया सर्वदा किसी नदी या नाले के तट पर संपन्न की जाती है ताकि मृतक की अस्थियाँ (राख) बहकर गंगा और अंततः समुद्र में चली जाएँ। यहाँ के अधिकांश गाँव ऊँची पहाड़ियों पर बसे हुए हैं जबकि नदी-नाले अधिकांश स्थितियों में उनसे मीलों दूर नीचे घाटियों में होते हैं। इससे यह समझा जा सकता है कि अंत्येष्टि संस्कार में किसी छोटे जन समुदाय की मानव शक्ति पर बहुत बोझ (या दबाव) पड़ता है खासकर जब अरथी ले जानेवालों के अलावा दाह क्रिया के लिए अपेक्षित धन इकट्ठा करने और उसे ले जाने के लिए भी श्रमिकों की जरूरत पड़ती है। सामान्य समय में तो ये कर्मकांड ठीक तरह से पूरे कराए जाते हैं, परंतु जब कोई बीमारी महामारी बनकर पहाड़ों को लपेट लेती है और वहाँ के निवासी इतनी तेजी से मरते हैं कि उन्हें ठीक-ठीक ढंग से निपटाया नहीं जा सकता तो एक सीधा-सादा कर्मकांड गाँवों में अपनाया जाता है। इसमें मृतक के मुख में एक जलता हुआ अंगारा रखकर शरीर को पहाड़ी के सिरे पर ले जाकर नीचे धकेल दिया जाता है।

''तेंदुआ ऐसे क्षेत्र में जहाँ उसका स्वाभाविक खाद्य मिलना अति दुर्लभ हो गया हो, ऐसे शरीर (या लाश) पाकर बहुत जल्दी मानव मांस का स्वाद प्रेमी हो जाता है। जब बीमारी खत्म होकर सामान्य स्थिति फिर से लौट आती है तो यह जानवर अपने आहार की आपूर्ति ठप हो जाने के कारण बहुत स्वाभाविक है मानवों की हत्या करने लग जाता है।

''कुमाऊँ के दो नरभक्षी तेंदुओं में से—जिन्होंने परस्पर मिलकर पाँच

सौ पच्चीस लोगों की जान ली थी, एक का उदय अति भयंकर हैजा फैल जाने के कारण हुआ था और दूसरा तेंदुआ उस रहस्यपूर्ण बीमारी के बाद सामने आया था जिसने 1918 में सारे भारत को आक्रांत कर डाला था और जिसे जंगी बुखार नाम दिया गया था।''

महान् लेखक एवं प्रकृतिप्रेमी उदयवीर 'विराज' अपनी पुस्तक 'वन-रोमांच' में एक ग्रामीण द्वारा बाघ के नरभक्षी बन जाने के संबंध में 'जिम कॉर्बेट और नरभक्षक बाघ' शीर्षक अध्याय में लिखते हैं—''एक लड़का सबेरे अपनी गाय-भैंसों को लेकर चराने गया था। उसकी गाय-भैंसें दोपहर को ही घर लौट आईं, किंतु वह नहीं लौटा। बहुत ढूँढ़ने पर अगले दिन उसकी लाश मिली। बाघ ने तीन-चौथाई से अधिक मांस खा डाला था। इसके सिवाय और कुछ पता नहीं चला कि उसे बाघ ने कब और कैसे मारा।

''लाश मिलने के बाद तुरंत साहब को खबर देने के लिए आदमी दौड़ाए गए। साहब की यह विशेषता थी कि नरभक्षक बाघ या चीते द्वारा किसी के मारे जाने की खबर सुनने के बाद वह रुकता नहीं था। सब काम छोड़कर तुरंत उस नरभक्षक का निपटारा करने चल देता था। अगले दिन वह उस गाँव में आ पहुँचा।

''लाश का इतना कम अंश बचा था कि साहब ने उस पर बैठना ठीक नहीं समझा। उसका खयाल था कि उस लाश पर वह बाघ दुबारा नहीं आएगा। पता नहीं क्या सोचकर उसने यह प्रस्ताव किया कि अगर कोई आदमी या औरत खुले में बैठकर रात बिताने को तैयार हो, तो वह उस बाघ को अवश्य ही मार डालेगा। उसने यह भी कहा कि यह किसी तरह नहीं हो सकता कि बाघ आकर उस व्यक्ति का बाल भी बाँका कर सके। पर यदि किसी कारण कोई नुकसान हुआ भी, तो वह एक सौ रुपया हर्जाने के तौर पर उसके परिवार के लोगों को देगा।

''सौ रुपए उस जमाने में बड़ी रकम होती थी बाबूजी। पर कोई भी आदमी सौ रुपए लेकर इस काम के लिए तैयार नहीं हुआ। जान किसे प्यारी नहीं होती? साहब को अपने अचूक निशाने पर पक्का भरोसा था, इसलिए वह

सौ रुपए देने को भी तैयार था। नहीं तो ऐसा बावला कौन होगा, जो दूसरे के लिए नरभक्षक बाघ मारने जाए और अपनी गाँठ से सौ रुपए भी दे? आखिर हुआ यह कि जिस लड़के को बाघ ने मारा था, उसकी माँ इस बात के लिए तैयार हो गई। जब से उसका लड़का मरा था, तब से वह शोक से पागल-सी हो रही थी। जब उसने सुना कि साहब यह चाहता है कि बाघ को मारने के लिए कोई आदमी रात में घर से बाहर, जहाँ वह कहे, वहाँ बैठने को तैयार हो जाए, तो वह यह सोचकर बहुत प्रसन्न हुई कि इस प्रकार वह बाघ से अपने पुत्र की हत्या का बदला ले सकेगी। थोड़ी-बहुत घबराहट जो उसके मन में थी, वह इस कल्पना से दूर हो गई कि यदि किसी कारण वह मर भी गई, तो उसकी बहू को सौ रुपया मिल जाएगा। पर यह भी तय है कि यदि उसे साहब पर पक्का भरोसा न होता, तो वह कभी अपनी जान को इस तरह जोखिम में न डालती।

''बुढ़िया से बात करके कॉर्बेट साहब बाघ की खोज करने के लिए जंगल में निकल गया। पता नहीं वह कहाँ-कहाँ घूमा और क्या-क्या उसने देखा, पर कोई दो बजे के करीब लौटकर उसने भोजन किया। उसने लोगों को समझा दिया कि उस बुढ़िया के सिवाय आज शाम को कोई आदमी घर से बाहर न निकले। उसने कहा कि आशा है कि आज बाघ आएगा और मारा भी जाएगा। उसके बाद वह यह कहकर सो गया कि उसे चार बजे उठा दिया जाए। उसे रात भर जागना भी तो था न!

''बाघ का डर लोगों पर बहुत अधिक छाया हुआ था। कॉर्बेट साहब के आने से उन्हें कुछ ढाढस अवश्य हुआ था, किंतु अपने दिन-प्रति-दिन के काम पर जाने लायक हालत उनकी नहीं थी।

''चार बजे साहब को जगाया गया। चाय पीने के बाद साहब ने गाँव से कोई फर्लांग भर दूर एक पेड़ पर अपने बैठने के लिए मचान बनवाया। यह मचान बिलकुल मामूली-सा था। इस पर एक आदमी के लिए ही जगह थी। वह भी लेटने की नहीं, बैठने भर की। कोई आधे घंटे में मचान बनकर तैयार हो गया। साहब ने बुढ़िया को वह जगह भी दिखा दी, जहाँ उस बुढ़िया को

बैठना था।''

मैंने टोककर पूछा : ''साहब ने शिकार के लिए कोई बकरा न बाँधकर आदमी के बैठने की जिद क्यों की?''

''ठीक तो मैं कह नहीं सकता, पर शायद उसका यह खयाल रहा हो कि बाघ नरभक्षक हो गया है, इसलिए वह आदमी को पकड़ने के लिए जल्दी और जरूर आएगा। जानवर का लालच शायद उसे न रहा हो। खैर, मचान बन जाने पर सब आदमियों को साथ लेकर साहब गाँव लौट आया। वहाँ आकर उसने खाना खाया और कोई पाँच बजे अपनी बंदूक लेकर मचान पर जा बैठा। वे आजकल के से ही गरमियों के दिन थे। सूरज देर से छिपता था। उसने बुढ़िया से कहा था कि वह सूरज छिपने पर गाँव से निकलकर मचान की ओर आए और जो जगह उसे बताई गई है, वहाँ बैठकर घास खोदना शुरू कर दे। बीच-बीच में वह जोर-जोर से कोई गीत भी गाती रहे। खयाल यह था कि गीत की आवाज सुनकर बाघ वहाँ आ पहुँचेगा। बाकी सब लोगों को घर से निकलने को मना कर दिया गया था, क्योंकि कहीं ऐसा न हो कि साहब तो यहाँ प्रतीक्षा करता रहे कि बाघ बुढ़िया को पकड़ने आएगा और उधर बाघ किसी दूसरे आदमी को ही धर दबोचे।

''हम लोग गाँव में अपने घरों में बैठे प्रतीक्षा कर रहे थे कि कब गोली चले और कब हमें उस आततायी बाघ के भय से छुटकारा मिले। कोई दो घंटे बीत गए। गोली की आवाज तो नहीं आई, हाँ, उस बुढ़िया को साथ लेकर साहब

खुद लौट आया। उसने कहा, 'अँधेरा बहुत हो गया है। कल फिर कोशिश करेंगे।' पता नहीं, बाघ को कुछ संदेह हो गया था, इसलिए वह नहीं आया, या फिर उसका पेट भरा हुआ था, इसलिए उसने आने की जरूरत नहीं समझी। उसकी जिंदगी एक दिन और बाकी थी, इसीलिए वह उसे वहाँ आने से रोके रही।

''अगले दिन मुँह अँधेरे ही उठकर साहब ने अपनी बंदूक सँभाली और जंगल में निकल गया। डर तो उसे जैसे लगता ही नहीं था। घूमघामकर वह कोई दो घंटे में लौटा। उसने कहा, 'कल रात बाघ इस इलाके में घूमा अवश्य है। वह दूर नहीं गया है, इसलिए आशा है कि आज उसे भूख गोली के सामने ला खड़ा करेगी।'

''उसे शक हुआ कि बाघ ने शायद उसके मचान को भाँप लिया है। इसलिए उसने दिन में एक ढलान पर पहाड़ी की खड़ी दीवार में एक गड्ढा खुदवाया। यह गड्ढा इस प्रकार बना था कि जब साहब उसके अंदर बैठ जाए, तब बाघ उस पर केवल सामने से ही हमला कर सकता था, पीछे से या दाएँ-बाएँ से नहीं। इस गड्ढे को छिपाने के लिए उसके सामने पेड़ की डालियाँ काटकर इस प्रकार डाल दी गईं कि उनसे बाहर की ओर देखने में तो बाधा न पड़े, किंतु गड्ढा छिपा रहे।

''वह दिन भी हम सब लोगों ने अपने घरों में रहकर ही बिताया। जब तक नरभक्षक बाघ सही-सलामत फिर रहा हो, तब तक बाहर काम पर जाने का प्रश्न ही कहाँ उठता था? आज साहब चार बजे जाकर गड्ढे में बैठ गया। बुढ़िया को उसने उसी तरह दिन छिपे वहाँ आने को कहा। पहले दिन बुढ़िया में अधिक हिम्मत थी, किंतु दूसरे दिन वह कुछ घबरा रही थी। घबराने की बात भी थी। जोश में अंधा होकर आदमी मौत के मुँह में भी कूद जाता है, किंतु जोश ठंडा हो जाने पर जीवन अधिक प्यारा लगने लगता है।

''बुढ़िया को गए अभी मुश्किल से पंद्रह मिनट हुए होंगे। एक ही बार उसके गीत की आवाज सुनाई पड़ी थी। एकाएक 'धांय-धांय' दो गोलियाँ छूटीं। हम सब बाहर निकलकर साहब की ओर दौड़ने को बेचैन हो उठे। पर साहब ने कह रखा था कि जब तक वह स्वयं आवाज देकर हमें न बुलाए, तब तक

कोई घर से बाहर न निकले। गोलियाँ छूटी थीं, इससे स्पष्ट था कि बाघ आया था और जब साहब ने गोली चलाई है, तब उसे लगी भी जरूर होगी। पर साहब की आवाज नहीं आ रही थी। कुछ समझ न पाने के कारण बेचैनी से हमारा बुरा हाल हो गया। कोई पाँच मिनट बाद साहब की आवाज सुनाई पड़ी। वह हमें बुला रहा था। निःसंदेह बाघ मारा जा चुका था। हम सब पुरुष, स्त्रियाँ और बच्चे एक साथ उसकी ओर दौड़ पड़े।

"ढलान पर साहब बंदूक लिए खड़ा था। बुढ़िया जमीन पर बैठी हुई थी। उसकी दशा ऐसी थी कि जैसे उसे चक्कर आ गया हो। बाघ कहीं दिखाई नहीं पड़ा। साहब ने इशारा करके बताया कि मरा हुआ बाघ कुछ दूर ढलान पर नीचे पड़ा है। उसने बुढ़िया की परिचर्या करने के लिए कहा। वह बाघ को सामने देखकर और अपनी दिशा में गोली चलती देखकर अर्धमूर्छित-सी हो गई थी। उसके मुँह पर पानी छिड़का गया।

"उसके बाद साहब ने बताया कि बुढ़िया के गीत गाने की आवाज बाघ ने तुरंत सुन ली थी। लगता है, वह कहीं पास ही था, क्योंकि उस आवाज को सुनने के दस मिनट के अंदर ही वह आ पहुँचा। आज वह जरा भी सतर्क नहीं था। छिपकर आने के बजाय वह इस प्रकार आया कि बुढ़िया ने उसे तभी देख लिया, जब वह उससे कोई पचास गज दूर था। बाघ को देखकर बुढ़िया एक अस्पष्ट-सा चीत्कार कर उठी। उसके साथ ही साहब ने भी बाघ को देख लिया।

"इस समय बहुत सावधानी से काम लेना जरूरी था। नरभक्षक बाघ बंदूक के सामने था और यदि अब वह कच्चे निशाने के कारण चोट खाकर या डरकर भाग जाता, तो फिर पता नहीं कि उसे ढूँढ़ने में कितना समय और परिश्रम गँवाना पड़ता।

"जहाँ साहब बैठा था, वहाँ से बाघ निशाने की दृष्टि से कुछ असुविधाजनक स्थिति में था। पर बाघ और बुढ़िया के बीच की दूरी इतनी थी कि उसके आगे बढ़ने की प्रतीक्षा की जा सकती थी। यह निश्चित था कि कुछ आगे बढ़कर वह एक झपट में बुढ़िया को दबोचने का यत्न करेगा।

"जब बाघ ने देखा कि बुढ़िया ने उसे देख लिया है और वह डरकर

कुछ चिल्लाई, तब वह क्षण भर के लिए रुक गया। पर यह देखकर कि बुढ़िया भागी नहीं और न उसने प्रतिरोध का ही कुछ उपाय किया, वह फिर स्थिर चाल से उसकी ओर बढ़ा, जैसे उसे पक्का भरोसा हो कि अब यह शिकार तो हाथ से निकलकर कहीं जा ही नहीं सकता। अभी वह चार कदम भी नहीं चला होगा कि साहब ने ठीक मौका देखकर गोली चलाई। गोली खाते ही तड़पकर बाघ उछला। साहब ने तभी दूसरी गोली चलाई, जो उसे नीचे गिरते समय आकाश में ही लगी। बाघ ढलान पर गया और दूर तक नीचे लुढ़कता चला गया।

"तब साहब ने अपने गड्ढे में से निकलकर उसे खोजा। जहाँ गोली लगी थी, उस जगह से वह कोई तीस फीट नीचे पड़ा था। हम लोगों को आवाज देने से पहले साहब ने यह निश्यच कर लेना चाहा कि बाघ मर गया है। ऐसा न हो कि हम सब को बुला लेने के बाद यह पता चले कि बाघ में तो अभी जान है और वह अभी कई जानें ले सकता है। उसने बाघ की ओर कई पत्थर फेंके और जब कोई प्रतिक्रिया उसमें दिखाई न पड़ी, तब उसने हमें बुला लिया।

"साहब ने बाघ की लाश को ध्यान से देखा और हमें दिखाया कि उसके अगले पाँव में एक घाव था, जो काफी पुराना मालूम होता था। साहब का कहना था कि इस घाव के कारण ही वह नरभक्षक बन गया था।"

जब वह ग्रामीण अपनी कहानी सुना चुका, तब मैंने पूछा, 'क्यों, साहब तुम्हें बहुत पसंद था?'

'ऐसे देवता आदमी और दिखाई कहाँ पड़ते हैं, बाबूजी।'

जिम कॉर्बेट किसी शेर के पंजों के निशान से यह अनुमान लगा लेते थे कि वह नर है अथवा मादा। उसकी उम्र एवं लंबाई-चौड़ाई का भी उन्हें आभास हो जाता था। इसी तरह एक शेर को जब उन्होंने मारा तो उसकी लंबाई उनके अनुमान से कुछ इंच ज्यादा निकली। उसका वध उन्होंने अनुमान से तीन साल बाद किया था। हो सकता है उसकी लंबाई इस बीच बढ़ गई हो। शेर की दहाड़ सुनकर वह समझ जाते थे कि यह नर है अथवा मादा। अगर शेर मादा है तो वह अपने मुँह से नर शेर की आवाज निकालते तथा नर होने पर मादा की

आवाज। शेर उस आवाज को सुनकर उनकी तरफ चला आता था। इसी तरह उन्होंने शेर को शिकार करते हुए नजदीक से देखा। किस तरह शेर साँभर की सवारी करते हुए उसे दौड़ाता है और उचित स्थान पर ले जाकर, जहाँ उसे लगता कि यहाँ उसे मारकर आराम से खाया जा सकता है, उस पर वार करता है।

'जीती-जागती कहानी जंगल की' (जंगल लोर) पुस्तक में वह विस्तार से लिखते हैं कि ''शुरुआती दिनों में मेरे लिए करीब-करीब एक जैसे दिखनेवाले पंजों के निशान में फर्क कर पाना बड़ा मुश्किल था। मिसाल के तौर पर एक छोटे साँभर और छोटी नीलगाय के पैरों के निशान काफी कुछ किसी बड़े सूअर के पैरों के निशान जैसे लगते हैं। लेकिन जब मैंने एक-एक करके अलग-अलग जानवरों को रेतीली तलहटीवाली सूखी धारा पार करते देखा और उनके वहाँ से गुजरने के तुरंत बाद उनके पाँवों के निशानों की जाँच की तो मुझे उनमें फर्क करना आ गया। जल्दी ही मैं सिर्फ एक निगाह डालकर यह बता सकता था कि ये निशान किसी सूअर के खुरों से बने हैं या किसी और जानवर के खुरों से। हिरणों के खुरों की तरह सूअर के असली खुरों के साथ काम न आनेवाले खुर जुड़े होते हैं, लेकिन सूअर के ये बेकार खुर हिरण के खुरों के मुकाबले लंबे होते हैं। जब सूअर सूखी जमीन पर चलता है तो उसके यही खुर एक खास ढंग का निशान छोड़ते हैं, जबकि हिरण के यही खुर जमीन पर तभी निशान छोड़ते हैं, जबकि उसके असली खुर नरम जमीन में पूरे धँसे हों। इसी तरह जब तक आपको कुछ तजुर्बा न हो जाए तब तक शेर के बच्चे और तेंदुए के पाँव के निशानों में फर्क कर पाना बड़ा मुश्किल है। इन दोनों के पैरों के निशान में फर्क करने का तरीका यह है कि आप उँगलियों के निशान को ध्यान से देखिए—शेर के बच्चे के पाँव की उँगलियाँ लंबी होती हैं और जमीन पर दोनों के पाँवों के निशान एक बराबर हों तो भी शेर के बच्चे के पाँव की उँगलियाँ अलग ही दिखाई देती हैं।

''लकड़बग्घे और जंगली कुत्ते के पैरों के निशान अकसर तेंदुए के पंजों के निशान का धोखा देते हैं। यहाँ इस मामले में जब भी कभी आपको शक हो तो पंजे के निशानों का सही पता लगाने के लिए दो बुनियादी बातें ध्यान में

रखिए—एक—अपने शिकार का पीछा कर उसे धर पकड़नेवाले सभी जानवरों के पैरों की उँगलियाँ पैरों की गद्दी के मुकाबले बड़ी होती हैं और जो जानवर अपने शिकार का चुपके-चुपके पीछा करते हैं उनके पैरों की उँगलियाँ गद्दी के मुकाबले छोटी होती हैं। दो—अपने शिकार को पीछे से धर पकड़नेवाले सभी जानवरों के नाखूनों के निशान दिखाई देते हैं और शिकार का चुपके-चुपके पीछा करनेवाले जानवरों के नाखूनों के निशान सिर्फ तभी दिखाई देते हैं जब वे चलते-चलते चौंक जाएँ या जब वे छलाँग लगा दें।

''यदि आप पालतू कुत्ते और बिल्ली के पंजे के निशान देखें तो आप मेरी बात आसानी से समझ पाएँगे। कुत्ते के पाँवों के निशानों में आपको बड़ी उँगली और छोटी गद्दी दिखाई देगी और बिल्ली के निशानों में छोटी उँगलियाँ और बड़ी गद्दी।''

□

सैनिक जिम कॉर्बेट

सन् 1917 में जिम कॉर्बेट रेलवे की नौकरी छोड़कर मोकामा घाट से नैनीताल वापस आ गए। तब प्रथम विश्वयुद्ध चल रहा था। जिम कॉर्बेट ने कुमाऊँ के पाँच सौ लोगों की एक लेबर कोर बनाई। उन्हें लेकर वह फ्रांस गए, जहाँ उन्होंने कैप्टेन के पद पर सेना में प्रवेश किया और इन लोगों को फौज की ट्रेनिंग देकर अंग्रेजों के साथ लड़ाई में भाग लिया। वहाँ उन्होंने अपना दायित्व सफलतापूर्वक निभाया तथा उन्हें मेजर के पद पर पदोन्नत कर दिया गया, परंतु स्वास्थ्य ठीक न रहने के कारण फौज से त्यागपत्र देकर नैनीताल वापस आ गए।

सन् 1939 के शुरू में द्वितीय विश्वयुद्ध शुरू होने पर जिम कॉर्बेट ने फौज में दुबारा भरती होने की इच्छा व्यक्त की। उस समय उनकी उम्र 64 वर्ष थी। अधिक उम्र हो जाने के कारण सेना में भरती नहीं हो सके। उनके पिछले अनुभव को देखते हुए उन्हें फौजियों के कल्याण के लिए बनाई गई जिला सैनिक परिषद् का उपाध्यक्ष बना दिया गया। इस पद पर रहते हुए उन्हें सिविल पायनियर कोर में भरती का काम सौंपा गया था। सन् 1940 से 1942 तक वह इस पद पर रहे। बीमार हो जाने के कारण उन्हें यह पद छोड़ना पड़ा, परंतु सैनिकों के कल्याण के लिए उन्होंने अपना अभियान नहीं छोड़ा। उन्होंने युवा सैनिकों को जंगल शास्त्र का प्रशिक्षण देने का काम शुरू कर दिया। द्वितीय विश्वयुद्ध के दौरान ब्रिटिश सैनिकों को बर्मा के जंगलों में भारी नुकसान उठाना पड़ा था, इसलिए उन्हें जंगल युद्ध के अभ्यास की सख्त

जरूरत थी। प्रशंसनीय सेवाओं को देखते हुए सन् 1944 में उन्हें लेफ्टिनेंट कर्नल पद से सम्मानित किया गया। इसी प्रशिक्षण के दौरान उन्हें मलेरिया हो गया और सन् 1945 में फौज से त्यागपत्र देकर फिर नैनीताल वापस आ गए। □

नैनीताल नगरपालिका सदस्य

सन् 1920 से 1944 तक चौबीस साल जिम कॉर्बेट ने नैनीताल नगरपालिका परिषद् में निर्वाचित सदस्य के रूप में नैनीतालवासियों की सेवा की। पालिका सदस्य के नाते परिषद् में पक्षी विहार बनाने का प्रस्ताव सर्वप्रथम उन्होंने ही रखा था तथा जंगलों में बकरियाँ चराने से हो रहे नुकसान की ओर भी नगरपालिका का ध्यान आकर्षित किया तथा इस पर रोक लगाने की माँग की। इससे पहले सन् 1872 से सन् 1878 तक जिम कॉर्बेट के पिता क्रिस्टोफर विलियम कॉर्बेट भी नैनीताल नगरपालिका परिषद् के सम्मानित सदस्य रहे थे। नैनीताल में सीवेज प्रणाली शुरू करने में उनकी महत्त्वपूर्ण भूमिका रही है। 30 अप्रैल, 1955 को जिम कॉर्बेट के देहांत पर नैनीताल नगरपालिका परिषद् में एक शोक प्रस्ताव पास किया गया तथा उनकी आत्मा की शांति के लिए दो मिनट का मौन भी रखा गया, परंतु कहा जाता है कि उस प्रस्ताव में नैनीताल नगरपालिका परिषद् में उनकी सेवाओं का कहीं जिक्र नहीं है।

□

न्याय-व्यवस्था एवं लालफीताशाही

अपनी पुस्तक 'मेरा भारत' (माई इंडिया) नें जिम कॉर्बेट उन दिनों इस इलाके के लोगों की लालफीताशाही से अनभिज्ञता एवं अंग्रेज न्यायाधीश द्वारा गरीब लोगों को दिए जानेवाले न्याय की लोकप्रियता के संबंध में लिखते हैं—

''जब कभी भारत में अंग्रेजी साम्राज्यवाद के उत्थान-पतन का इतिहास लिखा जाएगा, तब अंग्रेजी राज के पतन में लालफीताशाही का कितना बड़ा हाथ रहा है, इस पर भी अवश्य काफी ध्यान देना पड़ेगा। जब रैंजे और एंडरसन भारत में सेवा करते थे, तब लालफीताशाही नामक किसी बीमारी का अस्तित्व नहीं था। उन दोनों ने जो लोकप्रियता कमाई, प्रशासन में जो सफलता पाई, उसका बहुत-सा श्रेय इस बात को है कि उनके हाथ लाल फीते से बँधे हुए नहीं थे।

''रैंजे कुमाऊँ के न्यायाधीश तो थे ही, साथ ही वे कुमाऊँ के दंडाधिकारी (मजिस्ट्रेट), पुलिस अधिकारी, वन-विभाग के संरक्षक तथा इंजीनियर भी थे। उनके कर्तव्य इतने विविध प्रकार के तथा कष्टसाध्य थे कि उनमें से बहुत से कर्तव्यों को वे एक स्थान से दूसरे स्थान पर पड़ाव करते-करते तथा दौरे के समय ही निपटाया करते थे। उनकी कार्यपद्धति यह थी कि वे इन लंबे दौरों में लोगों की विशाल भीड़ के बीच ही सब दीवानी और फौजदारी मामलों पर विचार करते थे। पहले अभियोगकर्ता और उनके गवाहों के बयान लिए जाते थे, फिर प्रतिवादी और उसके गवाहों के बयान, फिर उचित विचार-विमर्श के

बाद रैंजे निर्णय सुना देते थे। यह निर्णय या तो जुर्माने के रूप में या कैद के रूप में होता था। उनके द्वारा दिए गए निर्णय का किसी ने भी कभी भी विरोध नहीं किया। यही नहीं, रैंजे द्वारा सजा सुनाया व्यक्ति सादी या कड़ी कैद भुगतने के लिए स्वयं ही पास की जेल में पहुँच जाता था और जुर्माना किया गया व्यक्ति स्वयमेव जाकर पास के सरकारी खजाने में रकम जमा करा देता था। इस न्याय-व्यवस्था में कभी किसी प्रकार का अपवाद नहीं हुआ।

''यद्यपि तराई और भाबर के अधीक्षक के रूप में एंडरसन को उसके पूर्ववर्ती प्रशासक रैंजे के कर्तव्यों में से कुछ का ही उत्तरदायित्व सौंपा गया था, परंतु उनके अधिकार बहुत बढ़े-चढ़े थे। उस दिन तीसरे पहर अभी हमारे तंबू गाड़े जा रहे थे, तभी एंडरसन ने उपस्थित जनसमूह को बैठ जाने के लिए कहा और बताया, 'जो लोग अपनी शिकायत मेरे सामने रखना चाहते हों, वे यहाँ सुना सकते हैं। और जो कोई अरजी देना चाहते हों, यहाँ पेश कर सकते हैं।'

''पहला याचना-पत्र बोकसर के पासवाले एक गाँव के मुखिया का था। इस गाँव के और बोकसर के बीच एक ही नहर थी, जिससे गाँवों के खेतों की सिंचाई होती थी। बरसात की कमी के कारण नहर का पानी दोनों गाँवों के लिए पूरा नहीं पड़ता था, अत: बोकसरवालों ने नहर का सारा पानी उपयोग में ले लिया था, फलस्वरूप नीचे के गाँव की धान की सारी फसल नष्ट हो गई थी। बोकसर के मुखिया ने स्वीकार किया कि उन्होंने नहर में नीचे की ओरवाले गाँव को पानी जाने नहीं दिया, परंतु ऐसा करके हमने उचित ही किया, क्योंकि अगर पानी को दोनों गाँववाले बाँट लेते, तो दोनों गाँवों की फसल मारी जाती। हमारे आने के कुछ दिन पूर्व ही फसलें कट चुकी थीं और कूटी जा चुकी थीं। एंडरसन ने दोनों मुखियाओं की बात ध्यान से सुनी और फिर आज्ञा दी कि पूरी फसल को दोनों गाँववालों में प्रत्येक गाँव की खेती के एकड़ों के आधार पर औसतन बाँट दिया जाय। बोकसर वालों को इस निर्णय पर कोई आपत्ति नहीं थी, परंतु उन्होंने माँग की कि फसल की कटाई-कुटाई में जो मजदूरी लगी है, वह हमें मिलनी चाहिए। इस माँग पर नीचे के गाँववालों ने यह आपत्ति उठाई कि फसल की कटाई-कुटाई के समय हमसे सहायता करने की प्रार्थना नहीं की गई। यदि हमसे कहा जाता तो हम अवश्य इन कामों में बोकसरवालों

की मदद करते। एंडरसन ने उनकी इस आपत्ति को सही माना। जब वे दोनों मुखिया धान का बँटवारा करने के लिए चले गए तो एंडरसन के सम्मुख दूसरा मुकद्दमा लाया गया।

''चाडी नामक व्यक्ति ने कालू पर यह आरोप लगाया था कि उसने (कालू ने) उसकी (चाडी की) पत्नी को भगा लिया है। शिकायत का स्पष्टीकरण करते हुए चाडी ने बताया कि कालू ने तीन सप्ताह पूर्व तिलनी से संबंध बढ़ाना शुरू किया। चाडी के विरोध और चेतावनी के बावजूद वह इस संबंध को अधिक गहरा बनाता गया। अंत में एक दिन तिलनी चाडी की झोंपड़ी छोड़कर कालू के घर में जा बसी। जब एंडरसन ने पूछा कि 'क्या कालू हाजिर है?' तो हमारे सामने बैठे हुए अर्ध-चंद्राकार समूह में से एक आदमी खड़ा हो गया और बोला, 'मैं हूँ कालू, सरकार!'

''जब तक खेती की फसल का मुकदमा चल रहा था, वहाँ बैठी हुई स्त्रियाँ और लड़कियाँ उसमें कुछ भी रुचि नहीं ले रही थीं, क्योंकि वह मामला तो मर्दों के बीच तय होना था। परंतु अब उनके चेहरे के हाव-भाव और गहरी साँसें साफ बता रही थीं कि उस अपहरण के मुकदमे में उन्हें बहुत गहरी रुचि है।

''एंडरसन ने कालू से पूछा, 'क्या चाडी द्वारा लगाया गया अभियोग तुम्हें स्वीकार है?' कालू ने स्वीकार किया, 'यह तो ठीक है कि तिलनी मेरी दी हुई झोंपड़ी में रह रही है, मगर यह बात बिलकुल गलत है कि मैंने उसे भगाया है।' जब उससे पूछा गया, 'क्या तुम तिलनी को उसके वैधानिक पति को वापस लौटा दोगे?' तो कालू ने उत्तर दिया, 'तिलनी अपनी मरजी से मेरे घर आई है। मैं उसे जबरदस्ती चाडी की तरफ जाने को मजबूर नहीं कर सकता।' तब एंडरसन ने पूछा, 'क्या तिलनी हाजिर है?' तो स्त्रियों के समूह में से एक लड़की खड़ी होकर सामने आई और बोली, 'मैं हूँ तिलनी, क्या हुक्म है सरकार?'

''लगभग 18 बरस की आकर्षक युवती तिलनी, जिसका अंग-अंग सौंदर्य तथा मोहकता से परिपूर्ण था। उसने तराई की स्त्रियों की विशेष पद्धति के अनुसार ही अपने बाल ऊँचे जूड़े में बाँधे हुए थे। सफेद किनारीवाली काली साड़ी ने उसके बालों को भी ढँक रखा था। ऊपरी शरीर कसी हुई चोली से

बँधा हुआ और एक सुंदर रंग-बिरंगा घाघरा—यही थी उसकी वेशभूषा। जब एंडरसन ने उससे पूछा, 'उसने अपने पति को क्यों छोड़ दिया?' तो वह चाड़ी की ओर इशारा करती हुई बोली, 'जरा देखो तो उसकी ओर··कितना गंदा रहता है। आप साहब देख ही सकते हैं। और फिर ये कंजूस भी एक नंबर का है। मेरी शादी को दो साल हो गए। इन दो बरसों में इसने मुझे ना तो एक कपड़ा खरीदकर दिया और ना ही एक गहना लेकर दिया। ये जो कपड़े मैंने पहन रखे हैं·· और ये गहने।' कलाई में पहनी चाँदी की चूड़ियाँ दिखलाती हुई और काँच के मोतियों की कई सारी मालाओं को हाथ से छूती हुई वह बोली, 'ये तो मुझे कालू ने दिए हैं।' जब एंडरसन ने पूछा 'क्या तुम चाडी के घर वापस जाने को राजी है?' तो तिलनी सिर हिलाकर बोली, 'चाहे कुछ हो जाय, अब मैं वापस नहीं जानेवाली।'

''तराई क्षेत्र के इन अस्वास्थ्यकर भागों में रहनेवाली यह आदिम प्राचीन जाति अपनी खरी और स्वाभाविक दो विशेषताओं के लिए प्रसिद्ध है—स्वच्छता और स्त्रियों की स्वतंत्रता। भारत के किसी भी भाग में इतने स्वच्छ और साफ-सुथरे गाँव तथा घर देखने को नहीं मिलेंगे, जितने कि तराई के इन क्षेत्रों में। और भारत के किसी भी भाग में यह दृश्य देखने को नहीं मिलेगा कि एक जवान लड़की एक बड़े जन-समुदाय के सम्मुख खड़ी हो (जिसमें दो अंग्रेज भी हों) और अपने मुकदमे की पैरवी खुद करती हो। सच तो यह है कि भारत में कहीं भी समाज ऐसे आचरण की आज्ञा ही नहीं दे सकता।

''तब एंडरसन ने चाडी से पूछा, 'अब तुम्हारा क्या कहना है, बोलो?' इस पर चाडी ने कहा, 'सरकार, आप मेरे माई-बाप हैं। मैं तो आपके पास इनसाफ पाने आया हूँ। अगर, सरकार, आप मेरी बीवी को मेरे पास लौटने के लिए तैयार नहीं कर सकते, तो फिर मुझे इसके बदले में कुछ हरजाना मिलना चाहिए।' 'तुम कितना हरजाना चाहते हो?' एंडरसन ने पूछा। इस पर चाडी ने उत्तर दिया, 'मैं डेढ़ सौ रुपया माँगता हूँ।' उसकी माँग सुनते ही उस अर्धवृत्ताकार बैठे समूह में चारों ओर से आवाजें उठने लगीं, 'बहुत ज्यादा माँग रहा है।' 'ये बहुत ज्यादा है।' 'ये लड़की इतनी कीमत की नहीं है।' आदि-आदि।

"'एंडरसन ने कालू से पूछा, 'क्या तुम तिलनी के लिए डेढ़ सौ रुपए देने को तैयार हो? तो कालू ने कहा, 'यह कीमत तो बहुत ज्यादा है सरकार। मुझे मालूम है और बोकसर के सभी लोगों को मालूम है कि चाडी ने ब्याह के समय तिलनी के सिर्फ सौ रुपए ही दिए थे।' अपनी बात को युक्तिपूर्वक सिद्ध करता हुआ वह आगे कहने लगा, 'यह सौ रुपए कीमत तो उसकी तब थी, जब वह नई थी, और अब तो वह वैसी रही नहीं, इसलिए मैं उसके ज्यादा-से-ज्यादा पचास रुपए दे सकता हूँ।' इस पर चारों ओर चर्चा होने लगी। कुछ कहते थे, 'माँगी हुई कीमत बहुत ज्यादा है।' कुछ का मत था, 'दी जा रही कीमत बहुत ही कम है।' सारी चर्चा और युक्ति-प्रत्युक्ति में बहुत सी व्यक्तिगत बातें, कई सारे सूक्ष्म उल्लेख भी बहुत गहराई में जाकर कहे गए, परंतु अपने मोहक मुखड़े पर मुसकराहट लिए हुए तिलनी शांति से सब कुछ सुनती रही। अंततः पक्ष-विपक्ष की सभी युक्तियों पर यथायोग्य विचार करके एंडरसन ने तिलनी का मूल्य पचहत्तर रुपए निश्चित कर दिया और कालू को आज्ञा दी गई कि वह उतनी रकम चाडी को दे दे। अपने कमरबंद को खोलकर कालू ने धागे से बँधा हुआ सूती बटुआ निकाला और एंडरसन के पैरों के पास उसे खाली कर दिया। गिनने पर चाँदी के केवल बावन रुपए निकले। कालू के दो मित्रों ने तेईस रुपए मिलाकर रकम पूरी कर दी और चाडी से कहा कि पैसे गिन ले। चाडी ने पैसे गिने और बताया कि रकम पूरी है। इतने में स्त्रियों के पीछे जरा दूर बैठी हुई एक स्त्री खड़ी हो गई। इस स्त्री की ओर पहले भी मेरा ध्यान गया था, क्योंकि जब सारी स्त्रियाँ आकर बैठ गई थीं, वह स्त्री गाँव की ओर से बहुत धीरे-धीरे और बड़े कष्ट के साथ चलकर आ रही थी और आकर अन्य स्त्रियों से तनिक हटकर बैठ गई थी। अब वह स्त्री अत्यंत कष्टपूर्वक खड़ी हुई और बोली, 'सरकार, मेरे बारे में क्या हुक्म है?' एंडरसन ने पूछा, 'तुम कौन हो?' 'मैं कालू की बीवी हूँ, सरकार।' स्त्री ने उत्तर दिया।

"'वह ऊँचे कद की एक कृशकाय स्त्री थी। शरीर में शायद खून की एक बूंद भी शेष नहीं रही थी। चेहरा हाथी दाँत की तरह सफेद पड़ चुका था और बेहद बढ़ी हुई तिल्ली ने उसकी देहयष्टि को बेडौल बना दिया था। उसके पैर सूजे हुए थे अर्थात् मलेरिया का दुष्परिणाम प्रत्यक्ष दिखाई दे रहा

था। मलेरिया!! यह दुष्ट मलेरिया इस तराई क्षेत्र के लिए सक्षात् संहारक दैत्य ही है!!

"थकी हुई तथा बलहीन वाणी में उस स्त्री ने कहा, 'अब कालू ने दूसरी बीवी खरीद ली है, तो मैं तो बेघर हो गई! मेरे तो इस गाँव में कोई रिश्तेदार भी नहीं और बीमारी के मारे मैं काम-धंधा भी नहीं कर सकती। मैं तो अब लापरवाही और भूख के मारे मर जाऊँगी।' ऐसा कहकर उसने साड़ी से अपना मुँह ढँक लिया और धीरे-धीरे रोने लगी। सिसकियों के मारे उसका दुबला-पतला बदन हिल रहा था और उसके विकृत आकृतिवाले शरीर पर से आँसुओं की धारा बह रही थी।

"अब बड़ी कठिन तथा दुविधापूर्ण समस्या सामने आ खड़ी हुई। एंडरसन को इस उलझन को सुलझाना बहुत कठिन प्रतीत हो रहा था, क्योंकि जब मुकदमे की काररवाई चल रही थी, उस बीच किसी ओर से भी ऐसा संकेत नहीं मिला था कि कालू की एक बीवी पहले से ही है।

"वह स्त्री इस प्रकार कुछ देर सिसकती रही। एक बेचैनी भरी शांति कुछ देर तक वहाँ छाई रही। तिलनी अब तक कुछ दूरी पर खड़ी थी—वह दौड़ती हुई उस स्त्री के पास आई और अपनी सुदृढ़ युवा बाहुओं से उसका आलिंगन करती हुई कहने लगी, 'ना रो बहना, ना रो। मत कह कि तू बेघर हो गई है। कालू ने मेरे लिए जो नई झोंपड़ी बनाई है, हम दोनों उसमें मिलकर रहेंगी। मैं तेरी देखभाल करूँगी, तेरी सेवा करूँगी और कालू मुझे जो कुछ देगा, उसमें से आधा मैं तुझे दिया करूँगी। इसलिए रो मत री बहना, आ मेरे साथ, मैं तुझे अपनी झोंपड़ी की ओर ले चलती हूँ।'

"जब तिलनी और वह रोगिणी स्त्री चली गई, एंडरसन खड़े हो गए और जोर से नाक साफ करते हुए बोले, 'पहाड़ों से आनेवाली इस ठंडी हवा से मुझे बहुत बुरा जुकाम हो गया है।' इसके साथ ही उन्होंने अदालत की उस दिन की काररवाई बंद घोषित कर दी। पहाड़ों से आ रही उस ठंडी हवा ने शायद एंडरसन की तरह उस अदालत में हाजिर और कई लोगों को भी सताया था, क्योंकि बहुत-सी नाकें भी उसी समय बज उठीं। परंतु अभी मुकदमे की काररवाई पूरी नहीं हुई थी। चाडी एंडरसन के पास पहुँचा और उसने अपना

प्रार्थना-पत्र वापस माँगा। वापस देने पर उसने वह प्रार्थना-पत्र टुकड़े-टुकड़े करके फेंक दिया और जिस कपड़े में वे पिचहत्तर रुपए बँधे थे, उसे खोलकर बोला, 'कालू और मैं एक ही गाँव के आदमी हैं, हुजूर। कालू को अब दो आदमियों का पेट पालना पड़ेगा और उन दोनों में से एक को तो अच्छा-अच्छा खाना-पीना मिलना चाहिए। इसलिए उसे अपने पैसों की आवश्यकता होगी। तो सरकार, मुझे ये पैसे कालू को वापस लौटाने का हुक्म हो जाए।'

"एंडरसन और उसके पूर्ववर्ती प्रशासक लालफीताशाही से पहलेवाले दिनों में जब-जब अपने प्रशासन-क्षेत्र का दौरा करते थे, वे इसी प्रकार से, इसी रीति से सैकड़ों नहीं, हजारों मामलों को इसी प्रकार से आपसी मेल-मिलाप और संतोष द्वारा ही सुलझा दिया करते थे। परंतु, अब, जब से लालफीताशाही का शुभागमन हुआ है, सब विवाद न्यायालयों में घसीटे जाते हैं, वहाँ वादी और प्रतिवादी दोनों पक्षों को चूस-चूसकर बुरी तरह निचोड़ दिया जाता है। साथ ही पारस्परिक ईर्ष्या-द्वेष के बीज हृदयों में बो दिए जाते हैं। वकीलों की चाँदी खरी होती जाती है। बेचारे गरीब, सीधे-सादे, ईमानदार और परिश्रमी किसान चक्की में पीस डाले जाते हैं।"

यह है जिम कॉर्बेट के 'माई इंडिया' के एक भाग का अंश, जिसमें उन्होंने भारतीय न्याय व्यवस्था का लालफीताशाही से पहले का इतिहास लिखा है। जहाँ न्यायाधीश के निर्णय को माथे पर लगाकर स्वीकार किया जाता है, वहीं गरीब अनपढ़ महिलाएँ अपना मुकद्दमा एक अंग्रेज न्यायाधीश के आगे खुद लड़ती हैं। उन्हें किसी वकील की भी जरूरत नहीं पड़ती तथा किसी उच्च न्यायालय में उस न्याय को चुनौती देने का तो सवाल ही पैदा नहीं होता।

□

महान् लेखक

जिम कॉर्बेट महान् शिकारी एवं पर्यावरणविद् ही नहीं, बहुत अच्छे लेखक भी थे। अमेरिकन साइंटिस्ट बेंजमिल फ्रैंकलिन के अनुसार अपना वजूद साबित करने के लिए इनसान को ऐसा जरूर लिखना चाहिए जो दूसरे पढ़ना चाहें, और यदि कोई लिख नहीं पाए तो उसे ऐसे काम जरूर करने चाहिए कि लोग उन कामों के बारे में ऐसा कुछ लिखें जो पढ़ने लायक हो। जिम कॉर्बेट पर ये दोनों बातें लागू होती हैं। उन्होंने अपने बारे में जितना लिखा उससे कहीं अधिक उनके प्रशंसकों द्वारा उनके बारे में लिखा जा चुका है। उन्होंने अपने जीवन में छह किताबें लिखीं। उनके नाम हैं—मैन ईटर्स ऑफ कुमाऊँ (1944), मैन ईटिंग लेपर्ड ऑफ रुद्रप्रयाग (1948), माई इंडिया (1952), जंगल लोर (1953), टेंपल टाइगर (1954) एवं ट्री टाप्स (1955)। अंतिम पुस्तक उनके देहांत के बाद प्रकाशित हुई। इसका प्रारूप उन्होंने अपनी मृत्यु से तेरह दिन पहले ही पूरा किया था। अंतिम चार किताबें उन्होंने केन्या में रहकर लिखीं। ये सभी पुस्तकें मूल रूप से अंग्रेजी में लिखी गई हैं तथा ऑक्सफोर्ड यूनिवर्सिटी प्रेस द्वारा प्रकाशित हैं। पहली पुस्तक 'मैन ईटर्स ऑफ कुमाऊँ' की लोकप्रियता का अनुमान इसी से लगाया जा सकता है कि उन दिनों अमरीका में इसकी अढ़ाई लाख प्रतियाँ बिकीं तथा नौ भाषाओं में इसका अनुवाद हुआ है। हिंदी में भी 'कुमाऊँ के नरभक्षी' नाम से इसका अनुवाद बाबूराम वर्मा ने किया है।

जिम कॉर्बेट की अन्य किताबों—'मैन ईटिंग लेपर्ड ऑफ रुद्रप्रयाग'

का हिंदी अनुवाद 'रुद्रप्रयाग का आदमखोर बाघ' नाम से प्रकाश थपलियाल ने किया है। 'जंगल लोर' पुस्तक का हिंदी तरजुमा 'जीती जागती कहानी जंगल की' नाम से संजीव दत्त द्वारा किया गया है। ये तीनों पुस्तकें नटराज पब्लिशर्स, देहरादून द्वारा प्रकाशित हैं। चौथी पुस्तक 'माई इंडिया' का हिंदी रूपांतर 'मेरा भारत' नाम से प्रो. वेद कुमार वेदालंकार द्वारा किया गया है। यह आत्माराम एंड संस, दिल्ली से प्रकाशित है। जिम साहब द्वारा लिखी गई सभी मूल एवं हिंदी में अनूदित पुस्तकें बाजार में उपलब्ध हैं।

अपनी लोकप्रिय पुस्तक 'मैन ईटर्स ऑफ कुमाऊँ' से पहले जिम कॉर्बेट ने 'जंगल स्टोरीज' नामक पुस्तक भी लिखी थी, जिसकी सिर्फ सौ प्रतियाँ ही बिक पाईं। जिम कॉर्बेट द्वारा लिखे साहित्य में न केवल उनके कारनामों का विवरण है बल्कि एक आम नागरिक को भारत के वन्यजीवों के बारे में विस्तृत जानकारी भी मिलती है।

जिम साहब एक सफल लेखक होने के साथ-साथ ही अच्छे कहानीकार भी थे। उनकी पहली कहानी सन् 1931 में एक पत्रिका में 'दी पीपलपानी टाईगर' शीर्षक से छपी। सन् 1932 में एक अन्य साप्ताहिक पत्रिका में वन्य जीवन विवरण पर एक विस्तृत लेख प्रकाशित हुआ था। उन्होंने वन्य जीवन

पर कई रोमांचकारी छायाचित्र एवं फिल्में बनाकर एक सफल फिल्म निर्माता का भी दिग्दर्शन कराया। आम लोगों को वन्य जीवन की ओर जागरूक करने के लिए वह अकसर इन तसवीरों एवं फिल्मों का प्रदर्शन करते और प्रकृति के बारे में उन्हें विस्तृत जानकारी भी देते थे। चित्रकारित में भी जिम साहब विशेष रुचि रखते थे। उनके प्रिय विषय पक्षी थे, जिनकी उन्होंने कई तसवीरें भी बनाईं। इसके अलावा बढ़ई का काम करने का शौक भी उन्हें था।

जिम कॉर्बेट एक विशिष्ट व्यक्ति थे। उन्हें जीवनकाल में तथा मरणोपरांत कई पुरस्कारों व उपाधियों से विभूषित किया गया। प्रथम विश्त्रयुद्ध में सेना में उल्लेखनीय योगदान के लिए सन् 1920 में 'वालंटीयर्स डेकोरेशन' से सम्मानित किया गया। इसके अलावा उन्हें 'फ्रीडम ऑफ फारेस्ट' की उपाधि भी दी गई थी, जिसके तहत उन्हें एक वनाधिकारी का दरजा प्राप्त था तथा किसी भी वन में प्रवेश व शिकार की स्वतंत्रता थी। सन् 1928 में रुद्रप्रयाग के आदमखोर तेंदुए को मार गिराने पर 'केसर-ए-हिंद' तथा सन् 1942 में आनरेरी मजिस्ट्रेट का दर्जा प्राप्त हुआ। तत्पश्चात् उन्हें 'ऑर्डर ऑफ दी ब्रिटिश एंपायर' भी मिला। जिम कॉर्बेट का अंतिम व सबसे महत्त्वपूर्ण पुरस्कार था 'कंपैनियन ऑफ दी इंडियन एंपायर' जो अति विशिष्ट व्यक्तियों को ही दिया जाता था।

□

पीपलपानी का शेर

जिम कॉर्बेट की पहली कहानी 'दी पीपलपानी टाईगर' शीर्षक से सन् 1931 में एक अंग्रेजी पत्रिका में छपी थी, जिसका जिक्र मैंने पिछले अध्याय में किया है। यह कहानी उनकी पुस्तक 'माई इंडिया' में भी सम्मिलित है। यही कहानी उनकी एक अन्य कृति 'कुमाऊँ के नरभक्षी' में इस प्रकार है—''इस तथ्य को छोड़कर, कि उसका जन्म एक खड्ड में हुआ था, जो गहरे चलता-चलता पादपर्वतों तक चला गया था और तीन के परिवार में से एक था, मैं उसके पूर्व इतिहास के बारे में कुछ नहीं जानता।

''उस समय वह एक वर्ष का हो चुका था जब एक मादा चीतल के बोलने से आकर्षित होकर, उसके पीछे जाते नवंबर मास में बहुत सबेरे-सबेरे एक दिन मुझे उसके पगचिह्न एक छोटे से नाले के रेतीले पाट में मिले, जिसे स्थानीय तौर पर पीपलपानी कहा जाता था। पहले मैंने सोचा कि यह अपनी माँ की देखरेख से भटक गया है, परंतु जैसे-जैसे सप्ताह के पश्चात् सप्ताह गुजरता गया और आखेट पथों पर उसके अकेले जाने के मार्ग दिखाई पड़ने लगे, तो मैं इस निष्कर्ष पर पहुँचा कि प्रजनन काल निकट आ जाना ही उसके एकाकी पड़ जाने का पूर्णत: पर्याप्त एकमात्र कारण है। एक दिन ईर्ष्यापूर्वक रखवाली किया, जरूरत पड़ने पर माता-पिता की जान देकर रक्षित किया जानेवाला, उससे अगले दिन प्रवाह में बहने के लिए छोड़ दिया जाता है, यह सभी जंगलवासियों की नियति होती है। यह अंतर्प्रसवन रोकने के लिए प्रकृति का तरीका है।

''सर्दियाँ उसने मोर, काकड़, छोटे सूअर और कभी-कभार मिल गई तो मादा चीतल पर बिताई और अपना घर एक जमीन पर पड़े विशाल वन वृक्ष में बना लिया, जिसका पातन किसी प्रकट कारण के बिना ही करा दिया गया था तथा जो समय के प्रवाह और सेहियों के कारण खोखला बन गया था। यहीं वह मारे गए अपने अधिकांश शिकार लेकर आता और जब दिन ठंडे होते तो उसी वृक्ष के चिकने तने पर पड़कर धूप तापता, जहाँ उससे पहले कितने ही तेंदुए धूप ताप चुके थे।

''जनवरी का महीना काफी ज्यादा आगे बढ़ चुका था जब मैंने उस व्याघ्र शावक को काफी पास से देखा। एक दिन शाम बिना किसी उद्देश्य को दृष्टि में लिए मैं बाहर निकला हुआ था कि मैंने एक कौए को भूमि से ऊपर उठते और वृक्ष की शाख पर जाकर बैठते ही अपनी चोंच साफ करते हुए देखा। कौआ, गिद्ध और मैना सदा जंगल में मेरी दिलचस्पी के होते हैं और भारत तथा अफ्रीका दोनों में मारे गए बहुत सारे जानवरों को मैंने इन पक्षियों की मदद से ही खोजा-पाया है। प्रस्तुत अवसर पर कौआ मुझे पिछली रात घटी एक त्रासदी की जगह लेकर गया। एक चीतल मारी और अंशतः खा ली गई थी और उस जगह की तरफ आकर्षित होकर, जैसे मैं भी आकर्षित हो गया था, उस सड़क से जो वहाँ से कोई पंद्रह गज की दूरी पर थी, जा रहे लोगों की एक टोली ने बची-खुची चीतल को काट डाला था और उसके अवशेष उठा ले गए थे। वहाँ पर उस चीतल के रह गए अवशेषों में हड्डियों के कुछ टुकड़े और थोड़ा-सा जमा हुआ रक्त ही बचे थे, जिससे अभी-अभी कौए ने अपना भोजन प्राप्त किया था। घने जंगल के अभाव और सड़क की नजदीकी ने मुझे यकीन दिया था कि जिस जानवर ने इसे मारा था, उसने इसका ले जाया जाना भी देखा था और वह यथासंभव जरूर इस पर लौटेगा। इसलिए मैंने उस पर बैठने का निर्णय किया और एक आलूबुखारे के पेड़ पर अपने को उतना आरामदेह बनाकर बैठ गया जितना उसके काँटों के रहते में हो सकता था।

''मेरे पाठको, मैं आपसे किसी तरह की कोई क्षमा नहीं चाहता कि यदि मारे गए शिकार पर बैठने के नीतिशास्त्रवाले अत्यधिक विवादित विषय पर आपका मत मुझसे अलग हो। शिकार करने की मेरी अधिकांश मन खुश

करनेवाली स्मृतियों का केंद्र सूर्यास्त होने से पूर्व के उन एक-दो घंटों पर ही रहा है जो मैंने प्रकृतितः मारे गए शिकार पर बैठकर किसी वृक्ष के ऊपर गुजारे हैं। ये स्मृतियाँ उस समय से शुरू होकर, जब एक भरवाँ बंदूक लिए, जिसमें तिड़की हुई नाल को फटने से बचाने के लिए बारूद ठोककर भरने का गज पीतल की तार से उसी के साथ बाँधा रहता था, मैं तेंदुए द्वारा मारे गए एक लंगूर की लाश पर उसी तेंदुए को मारने के लिए बैठा था, उस समय तक जाती है, जब थोड़े ही दिन हुए मैं अत्यधिक आधुनिक राइफल अपने घुटनों पर रखे एक शेरनी और दो पूरी तरह जवान हो चुके बच्चों को साँभर को खाते हुए देखने में लगा था, जिसे उन्होंने मिलकर मार लिया था और कोई विजयोपहार प्राप्त न कर पाने पर भी अपने को, कुछ घाटे में रह गया, नहीं मानता।

"यह सच है कि वर्तमान अवसर पर मेरे नीचे कोई मारा हुआ शिकार नहीं है, परंतु इसके लिए जो कारण बताए गए हैं, उनसे मेरे गोली चलाने के अवसर पर कोई कुप्रभाव नहीं पड़ेगा। जंगलवासियों को आकर्षित करने के लिए रक्त-सोखी धरती में काफी गंध वर्तमान है और इस बुड्ढे सफेद मूँछोंवाले सूअर को ही साक्ष्य स्वरूप देखिए जो पीछे दस मिनट से शांतभाव से जड़ें खोदने में लगा हुआ है, अचानक रक्त-सनी हवा की रेखा में आते ही कड़ा बनकर सावधान हो गया है। उसने अपना थूथन ऊपर उठा लिया है और इस तरह से चल रहा है जैसे कोई सूअर ही थूथन को उपयोग में ला सकता है, और उससे वह इतना ज्यादा जान जाता है जितना उस भूमि से मुझे पता नहीं चल पाया जिस पर जानवरों के आने-जाने का मार्ग दिखाई नहीं दे रहा है। आगे बढ़ने का उसका ढंग, थोड़ी-सी दूर दाईं तरफ टहलकर हवा में वापस लौट आना, प्रत्येक पैंतरे के साथ कुछ गज निकटतर आते जाना सूचित कर रहा है कि चीतल को शेर ने मारा था। एक बार फिर यह निश्चित करके कि अब यहाँ खाने के लिए कुछ नहीं बचा रह गया है, अंततः दुलकी चाल से चलता हुआ वह दृष्टि से ओझल हो जाता है।

"दो चीतल, दोनों के सींग इस समय मखमली हैं, अब प्रकट होते हैं और इस तथ्य के कारण कि ऊपर से नीचे की तरफ चल रही हवा में आ रहे हैं और उस रक्त-सनी जगह की ओर बढ़ रहे हैं, यह स्पष्ट है कि रातवाली

त्रासदी के वे साक्षी रहे हैं। बारी-बारी से जमीन सूँघते हुए अथवा एकदम भाग पड़ने के लिए प्रत्येक मांसपेशी को कड़ा बनाए दृढ़ता से खड़े हुए वे अपनी उत्सुकता शांत करते हैं और जिधर से आए थे उसी रास्ते वापस चले जाते हैं।

''उत्सुकता मानव का ही एकाधिकार नहीं है, बहुत सारे जानवरों का जीवन इसी में उलझने के कारण कटकर छोटा हो जाता है। छाया को देखकर कुत्ता बरांडा छोड़कर भौंकने बाहर निकलता है। हरिण अपना झुंड बनाकर हवा में हिल तक न रही घास के गुच्छे का सही-सही पता लगाने के लिए बाहर जाता है और घास में बैठे प्रतीक्षा करते तेंदुए को उसका भोजन मिल जाता है।

''सूर्य शीत-ऋतु रेखा के पास आता जा रहा है कि दाईं तरफ सामने हुई एक हलचल ध्यान आकर्षित करती है। क्षुद्ररोह वन की पच्चर के दूरवाले सिरे पर दो झाड़ियों के बीचवाली खुली जगह को किसी जानवर ने पार किया है। यह पच्चर या फन्नू मेरे वृक्ष से तीस गज की दूरी पर खत्म हो जाता है। तब मेरी तरफवाले सिरे पर झाड़ियाँ अलग-अलग फट जाती हैं और खुले में बाहर निकलता हुआ, बिना दाएँ या बाएँ दृष्टिपात किए, शेर शावक आगे बढ़ता है। सीधे उसी जगह जहाँ उसका मारा शिकार होना चाहिए था, वह जाता है और आशाभरी दृष्टि की जगह निराशा छा जाती है, जब उसकी समझ में आता है कि जो चीतल उसने संभवत: घंटों धैर्यपूर्वक उसका पीछा करते रहने के बाद मारी थी, वह वहाँ से जा चुकी है। हड्डियों के टुकड़े और जमे हुए रक्त को वह छोड़ देता है और उसका ध्यान वृक्ष के उस ठूँठ पर केंद्रित हो जाता है जिसका उपयोग कुछ समय पहले मांस काटने के काष्ट-खंड की तरह किया गया था और जिस पर मांस के कुछ छोटे टुकड़े अब भी चिपके हुए हैं। इन जंगलों में आग्नेयास्त्र लेकर चलनेवाला व्यक्ति केवल मैं ही नहीं हूँ, इसलिए यदि इस शावक को बड़ा होकर शेर बनना है तो यह जरूरी है कि उसे सिखाया जाए कि दिन के उजियाले में मारे हुए शिकार पर लापरवाही से बैठने में खतरा होता है। एक छर्रे फेंकनेवाली बंदूक और धूलि गोली (डस्ट शॉट) से मेरा प्रयोजन अधिक अच्छी तरह से सिद्ध हो जाता, परंतु इस बार यह काम राइफल को करना पड़ेगा और जैसे ही वह ठूँठ को सूँघने के लिए अपना सिर उठाता है मेरी गोली उसकी नाक से एक इंच की दूरी पर जाकर

उस कड़ी लकड़ी से टकराती है। आगे आनेवाले वर्षों में केवल एक बार ही उस शावक ने इस पाठ को भुलाया था।

''अगली सर्दियों में मैंने उसे कई बार देखा। उसके कान अब उतने बड़े नहीं लगते थे और उसके बच्चों जैसे बालों की जगह भलीभाँति बनी पट्टियोंवाली पीलापन लिए लाल रंग की बढ़िया बालोंवाली खाल आ गई थी। खोखला वृक्ष उसके सही अधिकारवाले स्वामियों, तेंदुए के जोड़े को दिया जा चुका था और पाद-पर्वतों के किनारे खड़े क्षुद्ररोह वन की घनी मेखला के अंदर नया निवास खोज लिया गया था तथा बाल साँभर उसकी भोजन-तालिका में जुड़ चुका था।

''उससे अगली सर्दियों में पहाड़ों से प्रतिवर्ष यथानियम नीचे उतरकर उसके परिचित पगचिह्न मुझे आखेट-पथों और पानी पीने की जगहों पर दिखाई नहीं दिए और सप्ताहों तक मैं सोचता रहा कि उस शावक ने अपने घूमते रहने की पुरानी जगहें छोड़ दी हैं और वह दूर आगे कहीं चला गया है। एक सबेरे तब उसकी अनुपस्थिति का कारण समझ में आ गया, क्योंकि उसके आने-जाने के रास्ते के साथ-साथ बगल में उससे छोटे और लंबायित उसके जोड़े के आवागमन चिह्न दिखाई दिए, शावक अब पूरा शेर बन चुका था। उस दिन सूर्योदय से पहले ही मैं एक रात हरिण को मारने का प्रयत्न करने निकल पड़ा था जो उसी पादपर्वत पर चर रहा था और अग्निराण पथ से लौटते समय मेरा ध्यान एक गिद्ध ने खींच लिया था जो एक मुरदा अंग लिए शांत वृक्ष की डाल पर बैठा हुआ था।

''इस पक्षी की पीठ मेरी तरफ थी और उसका मुँह क्षुद्ररोह वन के एक छोटे से विस्तार की तरफ था जिससे आगे घना जंगल था। जमीन पर भारी ओस पड़ी हुई थी और बिना कोई आवाज किए मैं वृक्ष तक पहुँच गया और इधर-उधर चारों ओर देखने लगा। मरे साँभर का एक सींग नीचे झाड़ियों से ऊपर निकला हुआ था, यह मरा हुआ ही होना चाहिए था, क्योंकि कोई जिंदा हरिण इस दशा में पड़ा हुआ नहीं रह सकता था। सुविधाजनक कोई ढकी चट्टान मेरे रबर तल्लोंवाले जूते पहने पाँवों को चुपचाप और सुरक्षित टिकाने के काम आई और जैसे ही मैं खड़ा हुआ तो पूरा साँभर मेरी दृष्टि में आ गया। उसका

पिछवाड़ा खा लिया गया था और उस मारे हुए शिकार की दोनों तरफ वह जोड़ा था, शेर दूरवाली तरफ था तथा उसकी पिछली टाँगें ही दिखाई पड़ रही थीं। दोनों शेर सोए हुए थे। दस फीट सामने से, ताकि एक टूटी शाखा बीच में न आ जाए और तीस फुट बाईं तरफ जाने पर मुझे शेर की गरदन पर निशाना साधने का मौका मिल गया, परंतु छिपे-छिपे उनके पीछे जाने की यह योजना बनाते समय मैं उस मौन दर्शक को भूल गया था। जहाँ मैं खड़ा था वहाँ से तो मैं उसे दिखाई नहीं देता था, परंतु दस फीट की यह दूरी पूरी कर पाने से पहले मैं उसकी दृष्टि में पड़ गया और मुझे अपने इतने निकट पाकर वह डर गया तथा अपने पंख फड़फड़ाता पेड़ पर अपने बैठने की जगह से उड़ा, परंतु अपने ऊपर की एक शाखा से लटकी हुई एक पतली बेल को ऐसा करते समय देख पाना वह भूल गया, जिससे वह टकरा गया और बहुत लज्जित भाव के साथ जमीन पर आकर गिरा। शेरनी उठी और एक क्षण में छलाँग लगा, मारा गया शिकार और अपने जोड़े को पार करती हुई, वहाँ से नौ-दो-ग्यारह हो गई और शेर भी उसके साथ-साथ जाने में कुछ धीमा नहीं रहा। निशाना साधना संभव हो सकता था, परंतु बहुत जोखिम भरा था, क्योंकि आगे घना जंगल था जिसमें जख्मी हुए जानवर को सभी लाभ उपलब्ध हो जाते। उन लोगों को, जिन्होंने इसका कभी प्रयास करके नहीं देखा, मैं अपने मारे शिकार के पीछे छिपे-छिपे जाते तेंदुए और शेर का पीछा करने की सिफारिश सबसे बढ़िया आखेट विनोद के रूप में कर सकता हूँ। परंतु गोली चलाने का निशाना लेने में बहुत सावधानी बरती जानी चाहिए, क्योंकि यदि जानवर उससे एकदम नहीं मरेगा या वहीं खड़ा रहेगा तो खासी मुसीबत जरूर पल्ले पड़ जाएगी।

''एक सप्ताह पश्चात् शेर ने पुन: अपना कुमार जीवन आरंभ कर दिया। उसकी प्रकृति में अब परिवर्तन आ गया था। अब तक अपने मारे शिकार पर मेरे आने पर वह कोई आपत्ति नहीं किया करता था, परंतु अपने जोड़े के चले जाने के बाद उसकी पहली घसीटन का जब मैंने पीछा किया तो मुझे बड़े साफ तौर से यह समझा दिया गया कि भविष्य में इसके लिए कोई आजादी नहीं लेने दी जाएगी। बहुत पास से किसी शेर की नाराजी भरी गुर्राहट, जिससे ज्यादा भयभीत करनेवाली कोई आवाज जंगलों में सुनाई नहीं देती, को सुनकर ही

अच्छी तरह से उसे समझा जा सकता है।

"मार्च के शुरू में इस शेर ने पहली बार भरी-पूरी भैंस को मारा। एक शाम मैं पाद पहाड़ियों के पास ही था कि भैंस की पीड़ाभरी रंगाहट और उसके साथ मिली हुई शेर की नाराजगीभरी दहाड़ पूरे जंगल में सर्वत्र गूँज गई। आवाज आने के स्थान का अंदाजा मैंने अपनी जगह से करीब छह सौ गज दूर खड्ड में होने का लगाया। वहाँ जाना बहुत ही मुश्किल था, क्योंकि उसे बिखरी हुई चट्टानों के ऊपर होते तथा कँटीली झाड़ियों के अंदर से निकलते हुए तय करना पड़ता था और जब मैं सरक-सरककर एक ढलवाँ मगरे पर चढ़ गया, जहाँ से खड्ड दिखाई पड़ रहा था तो भैंस का संघर्ष समाप्त हो चुका था और शेर वहाँ कहीं भी दिखाई नहीं दे रहा था। एक घंटे तक मैं राइफल के घोड़े पर अँगुली रखे शेर का कुछ भी कहीं न दिखाई देते हुए वहीं पड़ा रहा। भोर होने पर अगले दिन फिर मैं सरक-सरककर उस मगरे पर चढ़ा तो देखा कि भैंस वैसी-की-वैसी पड़ी हुई है जैसी छोड़कर मैं गया था। मुलायम जमीन खुरों और पंजों से फटी पड़ी थी और संघर्ष की जान लड़ा देनेवाली प्रकृति का साक्ष्य दे रही थी कि जब भैंस की पुट्ठे की नस टूट गई, तभी जाकर शेर उस लड़ाई में जो दस से पंद्रह मिनट तक चली, उस भैंस को नीचे गिरा पाने में अंततः सफल हो पाया था। शेर के जाने का रास्ता खड्ड के आर-पार होकर जाता था और उसका अनुसरण करते हुए मुझे बहुत सारा रक्त लंबाई में एक चट्टान पर लगा हुआ और उससे सौ गज और आगे आने पर एक गिरे हुए वृक्ष पर फिर उसी तरह से रक्त पुता हुआ मिला। भैंस के सींग से लगा हुआ घाव शेर के सिर में था और यह इतना अधिक गंभीर था कि शेर की अपने मारे हुए शिकार में कोई रुचि नहीं रह गई थी और उस पर कभी लौटकर आया ही नहीं।

"तीन वर्ष बाद शेर शावक रहते हुए मिले पाठ की उपेक्षा करके (इसका कारण यह भी रहा हो सकता है कि शेरों का शिकार खेलने का यह आखेट-बंद काल था) असावधानीवश वह उस मारे हुए शिकार पर लौटा जिस पर एक जमींदार और उसके आदमी रात को बैठे थे और उसके कंधे में गोली लगी जिससे हड्डी टूट गई। उसका पीछा करने का कोई प्रयास नहीं किया गया और छत्तीस घंटे बाद, उसके घाव पर मक्खियों का झुंड आ जुटा, निरीक्षण बँगले के कंपाउंड

के अंदर से लँगड़ाते हुए उसने एक पुल पार किया जिसके दूरवाली तरफ किनारे पर, बसे हुए मकानों की दुहरी कतार थी, जिनमें रहनेवाले लोग अपने-अपने घरों के दरवाजों पर खड़े उसे वहाँ से गुजरते हुए देख रहे थे, फिर वह चहारदीवारी से घिरे हुए एक कंपाउंड में घुसा और उसके खाली गोदाम पर कब्जा करके बैठ गया। चौबीस घंटे बाद, संभवतः पड़ोसी गाँव से उसे देखने को आ गए लोगों की तादाद से डरकर, वह कंपाउंड से, उसी रास्ते से जिससे वह उसमें घुसा था, बाहर निकला, हमारा फाटक पार किया, और हमारे गाँव के निचले किनारे की तरफ चला गया। हमारे एक किराएदार का बैल पिछली रात मर गया था और उसे घसीटकर गाँव के किनारे ले जाकर कुछ झाड़ियों में डाल दिया गया था। शेर ने उसे ढूँढ़ लिया और वह कई दिनों तक वहीं बना रहा और अपनी प्यास सिंचाई नालियों में आते पानी से बुझाता रहा।

"जब दो महीने बाद पहाड़ों से उतरकर हम नीचे आ गए तो यह शेर छोटे जानवरों (बछड़े, भेड़, बकरियाँ आदि) को खाने में जुटा था जिन्हें वह गाँव की बाहरी तरफ पकड़ लिया करता था। मार्च तक उसका घाव ठीक हो गया, परंतु उसका दायाँ पाँव अंदर की तरफ मुड़ गया। जंगल लौट जाने पर

जहाँ वह जख्मी हुआ था, उसने गाँव के ढोर-डंगरों को बुरी तरह से मारना शुरू कर दिया और सुरक्षा की दृष्टि से वह प्रत्येक मारे गए जानवर का मांस एक ही बार खाता और इस तरह जितने जानवर वह साधारणत: मारता उससे पाँच गुना जानवरों को मारने लगा। जिस जमींदार ने उसे घायल किया था उसके पास कोई चार सौ गाय-बैलों का झुंड था और वही उसकी काररवाइयों से सबसे ज्यादा हानि उठा रहा था।

''उसके बाद आनेवाले अगले वर्षों में वह आकार में उतना ही भारी बनता गया जितना अपनी प्रसिद्धि (या कुख्याति) में बढ़ गया था और मारने के लिए शिकारियों से सबसे ज्यादा हानि उठा रहा था।

''नवंबर की एक शाम एक ग्रामवासी भरवाँ किस्म की एक नालवाली बंदूक लिए सूअर मारने को चला और अपनी भूमि पर मचान बनाने के लिए उसने अपनी कुछ टूटी-फूटी जमीन के बीच से होकर जा रही बीस गज चौड़ी रौ (सूखी उथली नदी) में उगी हुई अलग-थलग पड़ी एक झाड़ी को चुना। यह जमीन आयताकार थी और इसकी लंबीवाली भुजाओं पर खेत थे और छोटी भुजाओं पर एक तरफ सड़क और दूसरी तरफ दस फीट चौड़ी नहर थी जो हमारे खेतों और जंगल के बीच की सीमा बनाती थी। उस आदमी के आगे की तरफ चार फीट ऊँचा किनारा था जिसके ऊपरी सिरे के पास-पास होता गायों के आने-जाने का रास्ता चलता था और उसकी पिछली तरफ घने क्षुद्ररोह वन का एक टुकड़ा था। आठ बजे शाम को एक जानवर इस आवागमन मार्ग पर प्रकट हुआ और लक्ष्य साधकर, जैसा भी वह साध सकता था, उसने उस पर बंदूक दागी। चोट खाने पर वह जानवर उस तट से नीचे गिर पड़ा और उस आदमी से कुछ फीटों की दूरी के अंदर ही रहते हुए उसके पास से गुजरा और गुर्राता हुआ पीछे के क्षुद्ररोह वन में घुस गया। अपना कंबल फेंक वह आदमी दो सौ गज दूर अपनी झोंपड़ी की तरफ भागा। पास-पड़ोसी इकट्ठा हो गए और उस आदमी द्वारा दिया गया विवरण सुनकर यह निष्कर्ष लगाया कि सूअर को काफी अधिक चोट लगी है। उन्होंने कहा कि उस सूअर को लकड़बग्घों और गीदड़ों के खाने के लिए छोड़ देना ठीक नहीं रहेगा, इसलिए एक लालटेन जलाई गई और कुछ वीर लोगों की एक टोली उस मारे गए शिकार को ढूँढ़कर

वापस लाने के लिए रवाना हुई। उनमें से एक किराएदार ने (जिसने इस अभियान में साथ जाने से मना कर दिया था, बाद में मेरे सामने स्वीकार किया कि अँधेरे में उस घने क्षुद्ररोह वन में घायल सूअर को खोजने के लिए जाने की उसमें हिम्मत नहीं थी) सुझाया कि बंदूक को भरकर उसे साथ ले जया जाए।

''उसका सुझाव मान लिया गया और चूँकि उसमें बारूद उदारतापूर्वक ठोक-ठोककर भरा जा रहा था, लकड़ी का ठोंकनेवाला डंडा उसमें फँस गया और नाल के अंदर ही टूट गया। यह मामूली-सी दुर्घटना थी, परंतु इसने निस्संदेह, छह लोगों की जान बचा दी। टूटा हुआ डंडा अंततः और काफी दिक्कत से बाहर निकाला गया, बंदूक भरी गई और टोली चल दी।

''उस जगह पहुँचकर जहाँ से वह जानवर झाड़ियों में घुसा था, सावधानी से जाँच-पड़ताल की गई और रक्त मिल जाने पर 'सूअर' को ढूँढ़ने का हरसंभव प्रयास किया गया। सारी रात उसकी खोज में पूरा क्षेत्र छान डालने के पश्चात् इस खोज को अंततः छोड़ दिया गया। अगले सबेरे जल्दी ही फिर खोज आरंभ कर दी गई, साथ में कम हिम्मतवाला, मेरा सूचनादाता भी उनमें सम्मिलित हुआ जिसका जंगल ज्ञान अपने उन साथियों के मुकाबले में कुछ ज्यादा अच्छा था, झाड़ी के नीचे की जमीन की जाँच-पड़ताल करने के बाद, जहाँ काफी रक्त जमा हो गया था, वे रक्त सने कुछ बाल लेकर मेरे पास आए जिन्हें मैंने पहचान लिया कि वे शेर के बाल थे। उस दिन एक और शिकारी भाई मेरे साथ था और हम दोनों मिलकर साथ-साथ उस जमीन को देखने गए।

''जमीन से मिले संकेतों से जंगल की घटनाओं को पुनर्व्यवस्थित कर लेना मेरे लिए सदा बहुत दिलचस्पी का रहा है। यह सच है कि कभी-कभी ये फलितानुमान गलत भी निकल जाते हैं, परंतु कभी-कभी वे ठीक भी निकलते हैं। प्रस्तुत मामले में मैं उसका घाव उसकी अगली दाईं टाँग के अगले अंदरूनी भाग में लगा होना बताने में सही, परंतु यह मान लेने में कि उसकी टाँग टूट गई थी और कि शेर जवान और इस स्थान के लिए अजनबी था, गलत था।

''उस जगह से आगे, जहाँ बाल मिले थे, कहीं रक्त नहीं पड़ा था और चूँकि भूमि पर उसके गमन मार्ग का पीछा करना असंभव था, मैं नहर पारकर उस जगह तक गया जहाँ गायों के आने-जाने का मार्ग रेत के पाट में से होकर

जा रहा था। यहाँ मिले पगचिह्नों को देखने पर मैंने पाया कि घायल हुआ शेर कोई नवजवान शेर नहीं था, जैसा मैंने मान लिया था, परंतु मेरा पुराना दोस्त पीपलपानी का शेर था जो गाँव से होकर जाता लघुपथ अपनाकर अँधेरे में ज़ाते हुए गलती से सूअर समझ लिया गया था।

"एक बार पहले भी बुरी तरह से घायल होकर किसी आदमी या जानवर को हानि पहुँचाए बिना वह इस बस्ती से होकर गुजरा था, परंतु अब वह पहले से बड़ा हो गया था, और अपनी पीड़ा और भूख से तंग आकर वह काफी हानि पहुँचा सकता था। घनी आबादीवाली इस जगह के लिए यह काफी घबरा देनेवाली संभावना थी और मुझे पहले से तय कर दिया गया एक ठहराव पूरा करने के लिए, जिसे टाला नहीं जा सकता था, एक सप्ताह के अंदर-अंदर यहाँ से चल देना था।

"तीन दिनों तक मैंने नहर और उस पार पहाड़ी के बीच के जंगल का चप्पा-चप्पा, जो लगभग चार वर्ग मील का क्षेत्र था, छान डाला था, परंतु शेर का कोई चिह्न नहीं मिला था। चौथे अपराह्न में जब मैं खोजना शुरू करने के लिए चलने की वाला था कि एक स्त्री और उसका लड़का जल्दी-जल्दी जंगल से निकलकर जाते दिखाई पड़े। उनसे मुझे पता लगा कि पाद पहाड़ियों के पीछे शेर बोल रहा था और जंगल में चर रही सभी गाय-भैंसों में भगदड़ मच गई थी। राइफल लेकर मैं बाहर चलता हूँ तो सर्वदा अकेले ही जाता हूँ। गड़बड़ी मचने पर ऐसा करना अधिक निरापद रहता है और जंगल में से अधिक शांतिपूर्वक बाहर आया जा सकता है। तथापि, उस अवसर पर मैंने इस नियम में थोड़ी ढील दे दी और उस लड़के को अपने साथ चलने की अनुमति दे दी, क्योंकि वह यह बताने के लिए बहुत उत्सुक था कि उसने शेर को बोलते हुए किस जगह सुना था।

"पहाड़ों की तलहटी में पहुँचकर लड़के ने जंगल के एक टुकड़े की ओर संकेत किया जिसके दूरवाली तरफ किनारे पर एक अग्निशमन पट्टी थी, जिसकी ओर मैं पहले संकेत कर चुका हूँ, और निकटवाली तरफ से किनारे पर पीपलपानी धारा थी। इस धारा के समानांतर और उससे लगभग सौ गज की दूरी पर कोई बीस फीट चौड़ा उथला गड्ढा था जो मेरी तरफ लगभग खुला

हुआ था और धारा के निकटतरवाली तरफ उसके किनारे-किनारे समकोण बनाता हुआ रास्ता उस गड्ढे के खुलीवाली तरफ, एक छोटा-सा वृक्ष था। यदि शेर इस रास्ते से होकर नीचे आता है तो झाड़ियाँ खुलने की जगह उसके खड़े होकर गोली के लिए निशाना देने की पूरी-पूरी संभावना थी। मैंने यहीं खड़े होने का निर्णय किया और लड़के को पेड़ पर बिठा उसके पैरों को अपने सिर के बराबर लाकर उसे अनुदेश दिया कि अपनी ऊँची जगह से उसे मेरे देखने से पूर्व यदि शेर दिखाई दे तो अपने पैरों की उँगलियों से मुझे उसका संकेत कर दे। फिर मैंने अपनी पीठ पेड़ से टिका दी और शेर की बोली बोली।

''आगे लोगों को जिन्होंने जंगलों में उतने ही वर्ष बिताए होंगे जितने मैंने, अपने जोड़े की खोज में लगी शेरनी की बोली का वर्णन देने की आवश्यकता नहीं है, और उनको जो इस बात में कम भाग्यवान रहे हैं वे इतना ही कह सकते हैं कि यह बोल पाने के लिए निकट से पर्यवेक्षण करना और गले के थूक का उदारतापूर्वक उपयोग करना होता है तथा शब्दों में उसका वर्णन नहीं किया जा सकता।

''मुझे उस समय बहुत राहत मिली, क्योंकि पिछले तीन दिनों से राइफल के घोड़े पर उँगली धरे मैं जंगल में रेंगता फिरता रहा था, जब मेरी बोली का उत्तर तुरंत लगभग पाँच सौ गज की दूरी से मिला और उसके बाद आधा घंटे तक, हो सकता है कि यह समय इससे कम रहा हो, परंतु लगता तो यह इससे ज्यादा ही था; यह पुकार इधर-से-उधर और उधर-से-उधर आती-जाती रही। एक ओर से था राजा का जल्दी आने का बुलावा और दूसरी ओर उसकी प्रिया का थोड़ा दबा-दबा और चापलूसी भरा उत्तर। दो बार लड़के ने संकेत किया, परंतु अभी तक मुझे शेर का कुछ भी दिखाई नहीं दिया था और जब डूबते हुए सूरज ने उस जंगल को अपने सुनहले प्रकाश में सराबोर कर दिया, तब उस रास्ते से नीचे तेजी से पग धर उतरता और बिना कहीं रुके या ठिठके झाड़ियों को पारकर एकाएक वह प्रकट हुआ। जब वह गड्ढे को आधा पार कर चुका, और मैं राइफल उठा ही रहा था कि दाएँ मुड़ मेरी तरफ बढ़ा।

''इस पैंतरे पर जिसे शेर ने अपने खड़े होने की जगह चुनते समय अपनाया, मैं ध्यान नहीं दे पाया था, और उसने उसे मेरे इतने ज्यादा करीब ला

दिया जितना मैं नहीं चाहता था कि वह आए, और इसके अतिरिक्त, उसने मुझे सिर पर गोली चलाने का निशाना प्रस्तुत कर दिया, जिस पर इतनी थोड़ी दूरी से गोली चलाने के लिए मैं तैयार नहीं था। एक पुरानी युक्ति को काम में लाकर, जिसे कितने ही वर्ष हुए मैंने सीखा था, और जिसका ऐसे अवसरों पर सफलतापूर्वक उपयोग किया था, शेर को बिना उसमें डर उत्पन्न किए, खड़ा हो जाने दिया। एक पंजा ऊपर उठाए धीरे-धीरे उसने अपना सिर उठाया, जिससे उसकी छाती और गला दिखाई पड़ने लगे। भारी गोली लगते ही वह अपने पैरों पर लड़खड़ाया और अंधे की तरह जंगल को तोड़ता-फोड़ता उस जगह से कुछ गजों के भीतर जाकर धड़ाम से नीचे गिर पड़ा, जहाँ मादा चीतल की बोली से आकर्षित होकर नवंबर की एक शाम आकर सबसे पहले मैंने उसके पगचिह्न देखे थे।

"तभी जाकर मुझे यह पता लगा कि उसे एक गलतफहमी में गोली से मार दिया गया, क्योंकि वह घाव जिसके बारे में मुझे डर था कि वह उसे भयंकर बना देगा, निरीक्षण करने पर लगभग ठीक हुआ पाया गया। और यह घाव सीसे की उस गोली से हो गया था, जिसने उसके दाएँ हाथ की छोटी शिरा को काट डाला था।"

□

सफल फोटोग्राफर

जिम कॉर्बेट सिर्फ महान् शिकारी, पर्यावरणविद्, कृषक एवं लेखक ही नहीं थे, बल्कि सफल फोटोग्राफर भी थे। उनका मानना था कि बाघ का पीछा करना, उसे ढूँढ़ना और उस पर घात लगाकर गोली दागना जितना मनोरंजक है, उससे ज्यादा मनोरंजक है बाघ को कैमरे में कैद करना। इस मामले में घंटों तक बाघ को देखा जा सकता है। जंगल में बाघ से ज्यादा आकर्षक व दर्शनीय दूसरा कोई जानवर नहीं है। जब सुंदर लगता है, कैमरे का बटन दबाया जा सकता है और कैमरे में जो दर्ज हो गया उसकी रोचकता कभी समाप्त नहीं होती। दूसरे मामले में बाघ की एक झलक मिलते ही शिकारी ट्रिगर दबा देता है और अगर निशाना ठीक हुआ तो एक ट्राफी हाथ लगती है जिसकी सुंदरता और आकर्षकता दोनों जल्दी समाप्त हो जाते हैं।

1920 में जिम ने अपना पहला कैमरा खरीदा था। उन्हें उनके दोस्त एफ.डब्ल्यू. चैंपियन ने प्रेरित किया कि जब वह जंगल में शिकार पर जाते हैं तो उसकी वीडियो रिकॉर्डिंग किया करें। बाघों की तसवीरें भी खींचा करें। चूँकि बाघ एक शरमीला जानवर होता है, उसकी तसवीरों को लोग काफी पसंद करेंगे। जिम ने अपनी पुस्तकों में बाघों और तेंदुओं के परिवार, उनके आचरण, उनकी दिनचर्या और उनके निवास आदि से संबंधित ढेरों जानकारियाँ दी हैं।

जिम को बाघों और उनके निवास से बेहद लगाव था। उन्हें बाघों के उजड़ते निवास और कम होती संख्या की चिंता सताने लगी थी। कुमाऊँ

हिल्स में भारत के पहले नेशनल पार्क हेली नेशनल पार्क की स्थापना में जिम की महत्त्वपूर्ण भूमिका रही। आरंभ में पार्क का नाम लॉर्ड मैल्कॉम हेली था। 1957 में जिम के सम्मान में इस पार्क को उनका नाम दे दिया गया। तभी से यह जिम कॉर्बेट पार्क के नाम से जाना जाता है।

'कुमाऊँ के नरभक्षी' पुस्तक में 'भले-मानुस शेर' शीर्षक से जिम कॉर्बेट विस्तार से लिखते हैं—''मैं समझता हूँ कि सभी शिकारी जिन्हें कैमरे से शेरों के छायाचित्र उतारने और राइफल से गोली चलाकर उन्हें मारने, इन दोनों तरह का शिकार खेलने का शौक पूरा करने का अवसर मिला है, वे इस बात में मेरे साथ सहमत होंगे कि दोनों किस्म का शिकार खेलने में बहुत ज्यादा अंतर होता है, यदि उससे कहीं ज्यादा नहीं जितना किसी बर्फघुली पर्वतीय धारा में किसी हलकी बंसी से किसी ट्राउट को पकड़ने और किसी तालाब के धूप से पक्के हुए तट पर स्थायी गड़े हुए बाँस से मछलियों की हत्या करने में होता है तो कम-से-कम उतना तो होता ही है!

''कैमरे और राइफल से शिकार करने (शूटिंग) के दरम्यान लागत के अंतर और उसका जो लाभकारी प्रभाव हमारी तेजी से घटती जा रही शेरों की संख्या पर पड़ रहा है उसके अतिरिक्त शिकार को अच्छा-सा विजयोपहार प्राप्त होने की तुलना में अच्छा-सा छायाचित्र ले पाने से कहीं बहुत ज्यादा आनंद आता है। इसके अलावा छायाचित्र वन्य प्राणियों के सभी प्रेमियों की दिलचस्पी का होता है जबकि विजयोपहार उसी आदमी की दिलचस्पी का होता है जिसने उसे प्राप्त किया है। उदाहरणार्थ, मैं फ्रेड चैंपियन को ही लेना चाहूँगा। यदि चैंपियन ने कैमरे से छायाचित्र लेने के बजाय राइफल से शेरों को मारा होता तो उसके विजयोपहारों के बाल बहुत काफी पहले झड़कर कूड़ादानी में पहुँच चुके होते, जबकि कैमरे से बनाए हुए उसके आलेख उसके लिए प्रसन्नता का स्थायी स्रोत बने रहे और दुनिया के सभी भागों के शिकार प्रेमियों की दिलचस्पी के हैं।

''चैंपियन की पुस्तक 'विद ए कैमरा इन टाइगर लैंड' के छायाचित्रों को देखते हुए पहले-पहल मुझे शेरों के चित्र लेने का विचार सूझा। चैंपियन

के छायाचित्र स्थिर कैमरे से चमक प्रकाश में लिए गए थे, इसलिए मैंने तय किया कि मैं उससे कुछ और अच्छा करूँ और दिन के प्रकाश में सिने-कैमरे से शेरों के छायाचित्र खींचने का प्रयास करूँ। एक बड़े कृपालु मित्र द्वारा दिए बेल और हौवेल के 16 मिमी कैमरे के उपहार ने ठीक वही हथियार मेरे हाथों में थमा दिया जिसकी मुझे जरूरत थी और 'वनों में स्वतंत्रता' ने, जो मुझे मिली हुई है, एक बहुत विस्तृत मंच में घूमते-फिरते रहना संभव बना दिया। दस वर्षों तक मैं कई सौ मील शेरों के इलाके में उनके पीछे छिपे-छिपे लगा रहा, कभी-कभी शेरों ने मुझे देख भी लिया और अपने मारे शिकार के पास मेरे जाने पर नाराजगी दिखाई और कुछ अन्य अवसरों पर शेरनियों ने मुझे डराकर जंगल से भगा दिया, जो अपने बच्चों के निकट मेरे जाने पर आपत्ति करती थीं। इस अवधि में मुझे शेरों की आदतों और तौर-तरीकों के बारे में कुछ सीखने को भी मिला और हालाँकि शेरों को मैंने संभवत: कोई दो सौ अवसरों पर देखा, फिर भी मैं उनका एक भी संतोषजनक छायाचित्र लेने में सफल नहीं हो पाया। कितने ही अवसरों पर मैंने फिल्म अनावृत की, परंतु परिणाम या तो अधिअनावृति (ओवर एक्सपोजर) या अध:अनावृति (अंडर एक्सपोजर) या घास या पत्तियाँ या मकड़ी के जाले लैंस के आगे पड़ जाने से निराशाजनक रहे और एक बार तो फिल्म विधायित करते समय पायस (emulsion) फिल्म पर पिघल जाने से ऐसा हुआ।

"अंतत: सन् 1938 में मैंने एक अच्छा चित्र पाने के लिए अंतिम प्रयास करने के लिए पूरी सर्दियाँ उसमें लगाने का निर्णय किया। अनुभव से यह सीख जाने पर कि शेर का अटकल-पच्चू चित्र ले पाना संभव नहीं है, मेरा पहला विचारणीय प्रश्न था, उपयुक्त स्थान की खोज करना और अंतत: इसके लिए मैंने पचास गज चौड़ा एक खुला हुआ खड्ड चुना, जिसके बीचोंबीच एक छोटी-सी जलधारा बह रही थी और जिसके दोनों किनारों पर घने वृक्ष और क्षुद्ररोह वन उगे हुए थे। बहुत निकट से चित्र लेते समय कैमरे की आवाज बंद करने के लिए मैंने उस धारा को कई जगह रोक-रोककर उस पर कुछ इंच ऊँचे प्रपात बना दिए। फिर मैंने शेरों पर घेरा डाला और

सात शेरों को तीन परस्पर दूर-दूर पृथक् हुए क्षेत्रों में से ढूँढ़-ढूँढ़कर उन्हें एक साथ अपने जंगल स्टूडियो में कुछ गज की दूरी पर बुलाकर लाना शुरू किया। लाना और भी मुश्किल काम था, जिसमें बहुत दिक्कतें और निराशाएँ भरी हुई थीं क्योंकि जिस क्षेत्र में मैं काम कर रहा था उसमें उनका पहले बहुत ज्यादा शिकार किया गया था और उन शेरों की दृष्टि से दूर स्वयं को रखकर ही मैं उन्हें ठीक-ठीक उस जगह ला पाया, जहाँ मैं उन्हें लाना चाहता था। उनमें से एक शेरनी, पता नहीं किस कारण से आने के बाद, परंतु उसका चित्र ले लेने से पूर्व नहीं, अगले दिन ही चली गई। अन्य छह को मैंने एक साथ बनाए रखा और हजारेक फुट फिल्म उन पर अनावृत की। दुर्भाग्य से वह सर्दी बहुत ही ज्यादा नम सर्दियों में से एक थी, जो हमें बितानी पड़ी है, और कई सौ फीट फिल्म लेंस पर नमी आ जाने से अध:अनावृति और जल्दी-जल्दी व लापरवाही से थ्रेडिंग करके कैमरे के अंदर पैक किए जाने से बरबाद हो गई। फिर भी मुझे लगभग छह सौ फीट फिल्म मिल ही गई जिस पर मुझे बहुत गर्व है क्योंकि वह भरे-पूरे शेरों का—चार नर जिनमें दो दस फीट से ज्यादा के हैं और दो मादा, जिनमें एक सफेद शेरनी है—दिन के प्रकाश में फिल्माए दस से साठ फीट की भिन्न-भिन्न दूरियों से लिए हुए जीते-जागते आलेख हैं।

"पूरे काम में, अथ से इति तक, साढ़े चार महीने लगे और उन अनगिनत घंटों में, जब मैं उस छोटी-सी जलधारा और अपने बनाए जलप्रपातों के निकट लेटा रहा, एक भी शेर ने मुझे नहीं देखा।

"दिन के प्रकाश में छह शेरों के कुछ फीटों तक पास छिपे-छिपे पहुँच पाना एक असंभव करतब ही होता, इसलिए उनके पीछे-पीछे छिपे-छिपे सबेरे के प्रारंभिक घंटों में, रात बीत जाने और दिन का उजाला हो जाने से पहले भारी पड़ी ओस ने इसे संभव बनाया और जब-जब प्रकाश और अवसर मिल पाए, तभी उन्हें फिल्माया गया।"

□

केन्या के लिए प्रस्थान

जीवन के अंत में सन् 1947 में जिम कॉर्बेट अपने मूल देश केन्या चले गए। 15 अगस्त, 1947 को भारत आजाद हो चुका था। उसके कुछ महीनों बाद जिम व मैगी ने भारत छोड़ केन्या में बसने का निर्णय लिया। केन्या जाने का अपना कार्यक्रम उन्होंने आखिरी समय तक गुप्त रखा। इसकी किसी को भनक तक नहीं लगने दी। उनके मित्रों को भी यह पता नहीं था कि जिम कॉर्बेट एवं उनकी बहन मैगी उन्हें छोड़कर सुदूर देश जा रहे हैं। 30 नवंबर, 1947 को तड़के जब सारा नैनीताल शहर सो रहा था, कर्नल जिम कॉर्बेट चुपचाप अपने प्रिय कुमाऊँ को अलविदा कह लखनऊ एवं बंबई (अब मुंबई) होते हुए केन्या चले गए। पहले अफ्रीका के मोंबासा नगर तथा बाद में केन्या के न्येरी नामक शहर में जा बसे। जाने से पहले 21 नवंबर, 1947 को अपना नैनीताल का गर्नी हाउस मकान फर्नीचर समेत श्रीमती कलावती वर्मा को मात्र पचास हजार रुपए में बेच गए। श्रीमती वर्मा जिम कॉर्बेट के मित्र की पत्नी थीं।

सेल डीड पर हस्ताक्षर करने के बाद जिम साहब ने श्रीमती वर्मा को नया घर खरीदने के उपलक्ष्य में शुभकामनाएँ देते हुए कहा, 'यह घर बहुत भाग्यशाली है, इस घर में आज तक किसी की मौत नहीं हुई है। हमारी ही तरह तुम भी इस घर में सुखी रहना।' कुमारी मैगी ने श्रीमती वर्मा से निवेदन किया कि उनका प्रिय प्यानो एवं ड्रम जहाँ रखा हुआ है, वहीं रहने दें। इसको अपनी जगह से न हटाएँ। ये दोनों अभी भी गर्नी हाउस के उस कमरे को शोभा बढ़ा रहे हैं।

इस घर को भी कालाढूंगी की तरह ही एक म्यूजियम के रूप में सुरक्षित रखा गया है। वर्तमान में श्रीमती डालमिया इस घर में रहती हैं। उन्होंने जिम साहब की व्यक्तिगत चीजों को अच्छी तरह सजाकर वहाँ रखा हुआ है। उनकी प्रिय पुस्तकों का संग्रह भी अभी तक वहाँ सुरक्षित है। उसमें रवींद्रनाथ टैगोर की पुस्तकें अधिक हैं। ऐसा लगता है कि जिम साहब को रवींद्र साहित्य अति प्रिय था। 2500 स्क्वायर फीट के इस बँगले के चारों ओर हरियाली छाई हुई है। कहते हैं 94 देवदार, चीड़ एवं ओक्र के पेड़, जिन्हें जिम कॉर्बेट छोड़कर गए थे, वे सभी अभी सुरक्षित हैं तथा फलों के कुछ नए पेड़ भी लगाए गए हैं। आज भी नैनीताल आनेवाले कई पर्यटक जिम कॉर्बेट की उस धरोहर को देखने आते हैं।

केन्या में उनका अपना पहले से एक कॉफी का बागान था, जिसका संचालन वह अपने मित्र के साथ भागीदारी में करते थे। वहाँ पहुँचकर भी वह चुप नहीं बैठे। न्येरी में उन्होंने सफारी लैंड नामक एक पर्यटन कंपनी की स्थापना की तथा वन्यजीव संरक्षण समिति का गठन भी किया और कई वर्षों तक उसके सचिव रहे। नैनीताल एवं कालाढूंगी की तरह ही केन्या भी वन्यजीवों से भरा था, जिससे जिम कॉर्बेट उनकी ओर आकर्षित हुए।

केन्या के न्येरी शहर के पास जंगल में एक पेड़ पर जमीन से तीस फीट की ऊँचाई पर उन्होंने एक झोंपड़ी बनाई, जिसमें बैठकर वह तालाब में पानी पीने के लिए आते हुए जानवरों को निहारते थे तथा उनके फोटो भी खींचते थे। इस झोंपड़ी का नाम था—ट्री टाप्स। इस नाम से उन्होंने तब एक किताब भी लिखी। इसी झोंपड़ीनुमा होटल में फरवरी, 1952 में ब्रिटेन की राजकुमारी एलिजाबेथ और ड्यूक ऑफ एडिनबर्ग की मेजबानी का सौभाग्य भी जिम कॉर्बेट को प्राप्त हुआ। यह संयोग की बात है कि राजकुमारी एलिजाबेथ ने एक दिन बाद जब यह होटल छोड़ा तो वह महारानी एलिजाबेथ-बन चुकी थीं, क्योंकि उनके पिता का उसी रात देहांत हो गया था।

इस अवसर पर भावुक जिम कॉर्बेट होटल के दर्शक रजिस्टर में लिखते हैं—

"For the first time in the history of the world a young girl climbed into a tree one day a Princess, and after having what she described as her most thrilling experience, she climbed down from the tree the next day a Queen – God bless her."

जिम कॉर्बेट केन्या जाते हुए कालाढूंगीवाले अपने घर को चिरंजीलाल शाह को मात्र दो हजार रुपए में बेचकर चले गए थे। श्री शाह उनके मित्र थे तथा नैनीताल बैंक, नैनीताल में मैनेजर के पद पर कार्य करते थे। जाते समय उनका विचार इस बँगले को बेचने का नहीं था। वह इसको ग्राम पंचायत को पंचायतघर बनाने के लिए दान करना चाहते थे। जैसा कि उन्होंने 13 जनवरी, 1952 को श्री चिरंजीलाल शाह को लिखे अपने पत्र में लिखा है—

मैंने जब कालाढूंगी का बँगला तुम्हें दिया था, तब मैं यह समझा था कि तुम इसे अपना शीतकालीन घर बनाओगे। कई अन्य लोग इस बँगले को चाह रहे थे, लेकिन चूँकि तुम और तुम्हारे घर के सभी लोग मेरे दोस्त थे, मैंने तुम्हें प्राथमिकता दी, ताकि तुम कुछ समय के लिए सर्दी से बच सको और इसलिए भी कि गाँव में एक रसूखवाला व्यक्ति रहेगा तो जरूरत पड़ने पर गाँव के काश्तकार मदद के लिए उसके पास जा सकेंगे।

मुझे खेद है कि जैसी मैं उम्मीद कर रहा था वैसा नहीं हुआ, और अगर मैं सही सोच रहा हूँ तो तुम्हारे लिए वह बँगला सफेद हाथी साबित हो रहा है। इसलिए मुझे खुशी होगी और मैं बहुत आभारी होऊँगा अगर तुम उसे मुझे लौटा दो। तुम्हारा जवाब मिलते ही मैं तुम्हें वह दो हजार रुपए लौटा दूँगा जो तुमने इलाहाबाद बैंक के जरिए दिए हैं और वह सब रकम लौटा दूँगा जो तुमने बँगले पर खर्च की है।

मैं तुम्हें भरोसा दिलाना चाहता हूँ कि मैं यह आग्रह निजी लाभ के लिए नहीं कर रहा हूँ। अगर तुम यह बँगला लौटा दो तो मैं इसे पंचायतघर के लिए प्रधान को निःशुल्क भेंट कर दूँगा। जहाँ तक मुझे जानकारी है, कालाढूंगी को पंचायतघर की जरूरत है और यह बँगला उसके लिए बहुत उपयुक्त रहेगा।

मुझे आशा है कि तुम और तुम्हारा परिवार कुशल है।

सन् 1952 की मंगलकामना के साथ

भवनिष्ठ

(जे. कॉर्बेट)

कुछ दिनों बाद जब जिम कॉर्बेट को पता चला कि उत्तर प्रदेश सरकार कालाढूंगी में ही पंचायतघर बनाने के लिए आर्थिक सहायता दे रही है तो उन्होंने अपना विचार इस घर को पंचायतघर में बदलने का बदल लिया और चिरंजीलाल शाह को केन्या से 7 फरवरी, 1952 को फिर लिखते हैं—

तुम्हारा 29 जनवरी का पत्र मेरे पास आज पहुँचा।

मुझे खेद है कि मेरे पत्र से तुमको कष्ट हुआ। मैं सही तथ्यों से अनभिज्ञ था और तुम्हारी कोई चिट्ठी-पत्री नहीं मिलने से मैं गलत राय बना बैठा, कृपया मुझे क्षमा करें।

तुम्हारा यह कहना बिलकुल सही है कि मैंने कालाढूंगी का बँगला तुम्हें इसलिए दिया था कि तुम सर्दियों में उसमें रह सको और मुझे तुमसे यह जानकर बहुत खुशी हुई कि तुम इस उद्देश्य के लिए बँगले का इस्तेमाल कर रहे हो। मैं तुम्हारा इसलिए भी बहुत आभारी हूँ कि तुम मेरे काश्तकारों में रुचि ले रहे हो।

मैं कुछ सुझाव दे रहा हूँ, जिन पर मेरी खातिर अमल करने का कष्ट करोगे।

1. जब अगली बार तुम कालाढूंगी रहने के लिए जाओ तो कृपया सभी काश्तकारों को एक साथ बुलाकर उनसे कहो कि वे अपने में से एक कारिंदा या मुख्तार-आम चुन लें। उनसे कहो कि ऐसा करना बहुत जरूरी है। और अगर वे स्वयं नहीं चुनते हैं तो टी.जी.बी. अधीक्षक ऐसा एक आदमी नियुक्त करेगा।
2. पंचायत राज अधिकारी से कहना कि मुझे यह जानकर बहुत खुशी हुई कि मंडी में पंचायतघर बनवाना चाहते हैं और अगर वे अनुमति

दें तो मैं इसे बनवाने में एक हजार रुपए का योगदान करना चाहूँगा।

3. मुख्यमंत्री माननीय पंडित गोविंद बल्लभ पंत से समय लें और उन्हें पूरी वस्तुस्थिति से अवगत कराएँ। उनसे कहें कि मुझे बहुत खेद है कि जब मैंने उन्हें पत्र लिखा तब मुझे वास्तविकता की जानकारी नहीं थी, और अब मुझे पता चला है कि उनकी सरकार पंचायतघर बनवाने के लिए धन दे रही है और मैं इस बात से पूरी तरह सहमत हूँ कि जिस स्थान की पेशकश मैंने की थी उसके मुकाबले नई जगह पंचायतघर के लिए ज्यादा उपयुक्त है। उन्हें यह भी बताएँ कि मैंने पंचायतघर के निर्माण में अपने योगदान की अनुमति चाही है।

मुझे यह सुनकर दुःख हुआ कि मेरा एक पुराना दोस्त हीरालाल इस संसार से चला गया है। हाल ही में मेरे कई दोस्त चले गए हैं और मुझे लगने लगा है कि अब सागर पार जाने का समय आ गया है।

तुम्हें और उन सबको मेरा अभिवादन जो मुझे याद करते हैं।

तुम्हारा,

(जे. कॉर्बेट)

पुनश्च : मैंने हल्द्वानी के तहसीलदार को इस वर्ष की रकम के रूप में 910/- रुपए का पोस्टल ऑर्डर भेज दिया है।

□

सर्वधर्मावलंबी

यद्यपि जिम कॉर्बेट ईसाई धर्मावलंबी थे, परंतु उनके दिल में सभी धर्मों के प्रति बराबर स्नेह था। वह जब भी हिंदू मंदिरों अथवा किसी उच्च जाति के लोगों के घर जाते थे तो हमेशा आदर से जूते बाहर उतार देते थे। कॉर्बेट साहब की मृत्यु के बाद उनकी बहन मैगी न्येरी, केन्या से अपने पारिवारिक मित्र बाबू जगत् सिंह को लिखे पत्र में स्वर्गीय जिम की इच्छानुसार गरीबों, मंदिरों, मसजिदों एवं गिरजाघरों को सहायता दिए जाने के संबंध में विस्तार से लिखती हैं—

आपके 27 फरवरी के पत्र के लिए धन्यवाद। जैसा कि मंदिर और मसजिद के मामले में होता है, उन्हें अपने संसाधनों का वितरण स्वयं करना होता है। यह काम आपको नहीं करना है, लेकिन जब तुम उन्हें रुपया देते हो तब तुम्हें उन्हें अच्छी तरह स्पष्ट कर देना चाहिए कि यह धन गरीबों तक पहुँचना चाहिए। साहब भी ऐसा ही चाहते थे। तुमने कहा कि अल्मोड़ा में बहुत से मंदिर हैं, इसलिए तुम प्रमुख मंदिरों को रुपया दो।

अल्मोड़ा हिंदू मंदिर—अल्मोड़ा के गरीबों में वितरण के लिए—रु. 1000/

रुद्रप्रयाग का हिंदू मंदिर—रुद्रप्रयाग के गरीबों में वितरण के लिए—रु. 1000/

मंडी, कालाढूंगी स्थित मंदिर—कालाढूंगी में सभी जाति के गरीब हिंदुओं के लिए—रु. 500/

मंडी, कालाढूंगी की मसजिद—कालाढूंगी के गरीब मुसलमानों के लिए—रु. 500/

कालाढूंगी और घोपला के भारतीय मैथडिस्ट पादरी (पैस्टर) को उसके निजी उपयोग के लिए—रु. 200/

कालाढूंगी में छोटी हल्द्वानी गाँव के काश्तकारों को—उनमें बराबर वितरण के लिए—रु. 2000/

नैनीताल में भारतीय मैथडिस्ट पादरी (पैस्टर) को उसके निजी इस्तेमाल के लिए—रु. 300/

नैनीताल में शिया सवारी का अध्यक्ष—शिया सवारी के लिए—रु. 1000/ तुम जो भी भुगतान करो उसकी सही रसीद प्राप्त कर लो, मैं बैंक के लिए एक पत्र इसके साथ नत्थी कर रही हूँ, जिसमें मैंने तुम्हें 9000/ रुपए भुगतान करने को कहा है। इसमें तुम्हारे 2500/ रुपए (रु.1000/- विरासत के और रु.1500/ यात्रा खर्च के) शामिल हैं।

यह राशि मिलते ही कृपया मुझे हवाई डाक से पत्र भेजो, ताकि मुझे पता चल सके कि यह तुम तक सुरक्षित पहुँच गई है!

तुम सबको सलाम के साथ।

□

ग्रामीणों से लगाव

भले ही उनका तन भोले-भाले एवं गरीब साथियों को छोड़कर सुदूर चला गया हो, परंतु उनका मन सदा नैनीताल एवं कालाढूंगी में ही रहता था। कुमाऊँ की पहाड़ियों एवं गाँव के भोले-भाले लोगों से उन्हें इतना प्रेम था कि वह कहा करते थे—अगर मेरा पुनर्जन्म हुआ तो मैं फिर यहीं जन्म लेना चाहूँगा। अपने साथियों को वह हमेशा पत्र लिखकर उनकी तथा उनके परिवार की कुशल-क्षेम एवं उनकी फसल के बारे में पूछते रहते थे, जैसा कि 24 मार्च, 1948 को अपने मित्र रामदत्त को लिखते हैं—

मुझे तुम्हारे पत्र से यह जानकर बहुत खुशी हुई कि कालाढूंगी में तुम और मेरे अन्य दोस्त कुशल से हैं।

मुझे उम्मीद है कि अब के लाही की फसल अच्छी हुई होगी और उसे ओलों से नुकसान नहीं हुआ होगा।

क्या हल्द्वानी और रामनगर के बीच लारी सेवा चल रही है और क्या फतरपुर से कालाढूंगी की सड़क को पक्का किया जा रहा है?

क्या जयलाल कालाढूंगी में ही है, वह अपने बाग और जंगल का क्या कर रहा है?

क्या रामसिंह ने उस जगह पर दुकान बना ली है, जो मैंने उसे दी थी? रामसिंह से कहें कि मैंने बैंक से कह दिया है कि वह उसे भत्ता दिया करे। उसे कहें कि वह हर महीने नैनीताल जाकर अपना भत्ता ले लिया करे। बैंक उसे जनवरी से भत्ते का भुगतान शुरू करेगा इसलिए इस बार वह जनवरी,

फरवरी, मार्च और अप्रैल का भत्ता ले सकता है। रामसिंह से कहें कि मुझे उम्मीद है कि जब मैं आऊँगा, मुझे अपना मकान और बगीचा अच्छी हालत में मिलेगा।

बहादुर और कालाढूंगी के मेरे अन्य दोस्तों को मेरा सलाम कहें।

पंडित मथुरादत्त के बेटे गोविंद बल्लभ का पत्र मुझे मिला है, उसने मुझे आश्वासन दिया है कि वह मेरे सभी आसामियों को हिस्सेदार बनाने की मेरी इच्छा पूरी करेगा। वह हल्द्वानी बैंक में मेरे शेयर रामसिंह को हस्तांतरित भी करवाएगा। अगर मेरे महान् दोस्त पंडित मथुरादत्त का निधन नहीं होता तो यह काम काफी पहले हो जाता।

मेरे आसामियों को कहें कि मैं अब भी उनके साथ हूँ और उन्हें किसी तरह की चिंता की जरूरत नहीं है।

मिस साहिबा और मैं, दोनों पहले से बेहतर हैं और जब हम पूरी तरह स्वस्थ हो जाएँगे तो अपने घर कालाढूंगी जरूर आएँगे।

तुम्हारा

(जे. कॉर्बेट)

यह जिम साहब की उदारता का एक परिचय है।

□

जिम कॉर्बेट का निधन

जिम कॉर्बेट का भारत आने का सपना अधूरा ही रह गया। 19 अप्रैल, 1955 को अस्सी वर्ष की उम्र में भारत के इस अंग्रेज महामानव ने केन्या के न्येरी शहर में अंतिम साँस ली। उनको उसी दिन दिल का दौरा पड़ा। तुरंत स्थानीय अस्पताल में भर्ती किया गया, परंतु बचाया नहीं जा सका। उन्हें न्येरी में सेंट पीटर्स चर्च के कब्रिस्तान में दफनाया गया। जिम कॉर्बेट आज प्रकृति व वन्यजीवन का एक अद्वितीय प्रतीक बन चुके हैं।

सन् 1975 में भारत में जिम कॉर्बेट के प्रशंसकों द्वारा उनकी जन्म शताब्दी मनाई गई। गोबिंद बल्लभ पंत मेमोरियल सोसायटी, नई दिल्ली के प्रयास से 24 जनवरी, 1976 को दिल्ली में दो डाक टिकट 25 पैसे तथा दो रुपए के जारी किए गए। उन टिकटों में जिम कॉर्बेट का चित्र न छाप कर प्रथम में बाघ के चित्र के साथ 'जिम कॉर्बेट शताब्दी 1875-1975' तथा दूसरे में बाघ के ही चित्र के साथ 'बाघ परियोजना' लिखना ही सरकार ने उचित समझा।

कुमाऊँ के उनके कुछ साथियों का मानना है कि कारपेट (कॉर्बेट) साहब अभी जिंदा हैं और वे जरूर एक दिन अपने वायदे के अनुसार हमसे मिलने यहाँ आएँगे। जिम कॉर्बेट के देहांत के तीस साल बाद उनके जीवन पर एक शूटिंग कालाढूंगी में चल रही थी। इस फिल्म में एक अंग्रेज जिम साहब का रोल निभा रहे थे। उनकी शक्ल जिम साहब से मिलती-जुलती थी, स्थानीय लोग उन्हीं महानुभाव को सचमुच जिम कॉर्बेट समझ बैठे। दूर गाँवों से उनसे मिलने के लिए पैदल आने लगे। वे यह मानने को तैयार नहीं थे कि उनके प्रिय कारपेट साहब तीस साल पहले इस दुनिया से जा चुके हैं।

कुमारी मैगी लंदन से जिम कॉर्बेट के पुराने मित्र श्री जगत् सिंह को उनके निधन के बाद लिखे पत्र में लिखती हैं[5]—

तुम्हारे सहानुभूतिपूर्ण पत्र के लिए धन्यवाद। न्येरी में मैं बहुत व्यस्त थी जिससे मैं बहुत सारे पत्रों का जवाब नहीं दे सकी। मैं अभी इंग्लैंड में हूँ और उम्मीद है कि अपनी आँखों का इलाज करा लेने व उन मित्रों से मिलने के बाद, जिन्होंने मुझे आमंत्रित किया है, करीब तीन महीने बाद केन्या चली जाऊँगी। मैं स्काटलैंड में भी कुछ हफ्ते रुकने की सोच रही हूँ। अभी मैं अपने भतीजे के साथ यहाँ हूँ जो मुझे लेने केन्या आया था। साहब के बिना मैं खाली-खाली महसूस करती हूँ, लेकिन उन्होंने मुझे सीख दी थी कि मैं बहादुर और बुद्धिमान बनूँ और दुनिया को उन लोगों के लिए ज्यादा खुशगवार बनाने का प्रयास करूँ जो इसमें रहते हैं। उनके सरोकार हमेशा दूसरों के लिए थे, अपने लिए नहीं। वे अंतिम दिन तक लिखने में व्यस्त थे और अस्पताल में केवल आखिरी एक दिन रहे। उस दिन उनके सीने में बहुत दर्द रहा, लेकिन उन्होंने बहादुरी से उसे सहा और उफ तक नहीं की। मैं समझती हूँ अपना उदाहरण पेश कर उन्होंने दुनिया में बहुत भला काम किया। तुमने उनके लिए जो खूबसूरत श्रद्धा सुमन (फोटो) भेजे, उनके लिए मैं तुम्हारी आभारी हूँ। उन्हें प्राप्त कर मुझे इतनी खुशी हुई कि मैं उन्हें सँभालकर रखूँगी।

कृपया वहाँ उन सबको मेरा धन्यवाद कहो जो हमसे इतनी सहानुभूति रखते हैं। लोग जिम की यादों को इस तरह सँजोए हैं, यह पाकर मैं भावुक हो जाती हूँ।

तुमने अपनी, अपनी पत्नी और गोविंद की जो फोटो भेजी हैं, वे बहुत सुंदर हैं। ये इतने अच्छे ढंग से डेवलप की गई हैं कि वह (जिम) बहुत चुस्त, लंबे और अजनबी दिखते हैं।

तुम सभी की खुशहाली की कामना के साथ,
खासतौर पर तुम्हारी श्रीमती को तहेदिल से सलाम।

भवदीया
(एम कॉर्बेट)

□

कॉर्बेट नेशनल पार्क

जिम कॉर्बेट की याद में गढ़वाल एवं कुमाऊँ के मध्य रामनगर में 520.82 वर्ग किलोमीटर में एक राष्ट्रीय पार्क की स्थापना की गई है। यह भारत का प्रथम एवं सबसे पुराना राष्ट्रीय पार्क है। इसकी स्थापना सन् 1935 में तत्कालीन संयुक्त प्रांत के गवर्नर सर हेली ग्राहम ने की थी। तब इसका नाम 'हेली नेशनल पार्क' रखा गया था। सर हेली दो बार संयुक्त प्रांत के गवर्नर रह चुके थे तथा जिम कॉर्बेट के परम मित्र एवं उनकी ही तरह पर्यावरण-प्रेमी भी थे। सन् 1952 में इसका नाम बदलकर 'रामगंगा नेशनल पार्क' कर दिया। यह नाम भी ज्यादा दिन नहीं चला। जिम कॉर्बेट की मृत्यु के दो वर्ष बाद सन् 1957 में इस प्रकृति-प्रेमी एवं महान् शिकारी के नाम पर इसका नाम 'कॉर्बेट नेशनल पार्क' रखा गया है।

यह राष्ट्रीय उद्यान उत्तराखंड के पौड़ी गढ़वाल एवं नैनीताल जनपद में आता है। इस पार्क में कई प्रकार के पशु-पक्षी एवं जंगली वन्यजीव बाघ, हाथी, चीतल, साँभर, कांकड़, जंगली सूअर, घड़ियाल, अजगर निर्भय होकर घूमते हैं। इसके अतिरिक्त इस पार्क में 570 प्रजातियों के पक्षी भी हैं। इनमें ग्रेट पाइड हॉर्नविल, पलास फिशिंग ईगल, कालर्ड फल्कानेट आदि प्रमुख हैं। वनस्पतियों में साल, शीशम, खैर, जामुन आदि के पेड़ तथा घने जंगल और घास के मैदान हैं। बीच में रामगंगा नदी बहती है। सुबह-शाम जंगली हाथी एवं बाघ यहाँ पानी पीने आते हैं। उन्हें देखने कई सैलानी वहाँ कई दिन तक इंतजार करते रहते हैं।

इस वन क्षेत्र में किसी भी जानवर का शिकार करन वर्जित है। यह पार्क 15 नवंबर से 30 मई तक साल में सिर्फ साढ़े छह म्हीने खुला रहता है। इसी बीच सैलानी इस पार्क का आनंद उठा सकते हैं। शेष अवधि में इसको आम जनता के लिए बंद कर दिया जाता है। देश-विदेश से कई सैलानी यहाँ भ्रमण के लिए आते हैं।

इस पार्क के कुछ हिस्से में जीप या कार द्वारा जाया जा सकता है। कच्चे एवं दुर्गम स्थानों पर हाथी पर चढ़कर देख सकते हैं। एक हाथी के हौद में छह सवारियाँ बैठने की जगह होती है। एक चक्कर लगाने में तीन घंटे लगते हैं। कॉर्बेट पार्क में आनेवाले दर्शकों को इस बात का विशेष खयाल रखना होता है कि वे भड़कीले रंग जैसे लाल, नीले, पीले, नारंगी आदि रंगों के कपड़े पहनकर न जाएँ, क्योंकि कभी-कभी भड़कीले रंगों से जंगली जानवर बिदक जाते हैं। यदि हो सके तो खाकी या गहरे रंग के कपड़े पहनें। खाकी रंग सबसे बढ़िया रहता है। जंगल में विषैले मच्छरों से बचने के लिए पूरी बाजू की कमीज और कैप पहनना जरूरी है। शैलानियों को हिदायत दी जाती है कि वे पार्क में गाड़ी के हॉर्न का प्रयोग न करें। इससे जानवरों को परेशानी

होती है। अगर हाथियों का झुंड सड़क पार कर रहा हो तो उन्हें पहले जाने दें, उनका रास्ता बीच में न रोकें।

आज अंतरराष्ट्रीय पर्यटन के मानचित्र में इसको प्रमुख रूप से जाना जाता है। यहाँ रहने के लिए होटल एवं रिसॉर्ट काफी संख्या में खुल गए हैं। पार्क के अंदर ढिकाला में वन विभाग का रेस्ट हाउस भी है, जहाँ बहुत से सैलानी ठहरते हैं। इसके अतिरिक्त कालागढ़, पटेरपानी, गौजपानी, बिजरानी और गैरल आदि स्थानों पर भी विश्रामगृह हैं। रामगंगा नदी के किनारे बने होटलों में विदेशी पर्यटक कई दिन तक जहाँ जंगली जानवरों एवं प्रकृति का आनंद लेते टिके रहते हैं, वहीं रामगंगा नदी में मछली का भी शिकार करते हैं। मछली पकड़ने के लिए स्थानीय प्रशासन से अनुमति लेनी आवश्यक है।

सन् 1972 में एक सर्वे के अनुसार बाघों की संख्या दिन-प्रतिदिन घटती जा रही थी। उनकी संख्या तब मात्र 1800 रह गई थी। सन् 1973 में भारत सरकार ने प्रोजेक्ट टाइगर अर्थात् बाघ परियोजना की शुरुआत की, जिसके तहत बाघ संरक्षण हेतु महत्त्वपूर्ण कई वनों पर टाइगर रिजर्व स्थापित किए गए, तब कॉर्बेट पार्क देश का प्रथम टाइगर रिजर्व घोषित हुआ। तब से ही यह प्रकृति संरक्षण की दिशा में प्रबल रहा है व अन्य पार्कों के लिए एक उदाहरण बन गया है। आज विलुप्त हो रहे बाघों के लिए यह सुरक्षित वन है।

उप-हिमालय बेल्ट में बने इस संरक्षित पार्क में बाघ ही नहीं, अन्य कई प्रजातियाँ हैं। यहाँ 488 तरह के विभिन्न पेड़-पौधों की प्रजातियाँ और जानवर हैं। इन्हीं कारणों से जिम कॉर्बेट पार्क पर्यटकों और वन्य जीव प्रेमियों के लिए एक आकर्षण का केंद्र बना हुआ है। यहाँ पर्यटकों को पूरे पार्क में जाने की अनुमति नहीं दी जाती। उनके लिए कुछ विशेष स्थल सुरक्षित हैं। वे उन सुरक्षित स्थलों तक ही जा सकते हैं। ये वे स्थल हैं, जहाँ से अनुपम प्राकृतिक परिदृश्य और विविध वन्य जीव देखने का अवसर मिलता है।

पिछले कुछ सालों से यहाँ पर्यटकों की संख्या में लगातार वृद्धि हो रही है। एक अनुमान के अनुसार हर साल अनुकूल मौसम में देश-विदेश से लगभग 70,000 पर्यटक आते हैं। पर्यटक और वन्य जीव प्रेमी ही नहीं,

रोमांच और साहसिक यात्राओं में रुचि रखनेवालों के लिए भी यह पार्क स्वर्ग समान है। जिम कॉर्बेट पहला नेशनल पार्क है, जो 520.8 किलोमीटर के दायरे में फैला है। इसमें पहाड़ी इलाका, नदी, दलदली क्षेत्र, घास, समतल मैदान, बड़ी सी झील वगैरह सभी कुछ है।

सर्दियों में पार्क की रातें बेहद ठंडी हो जाती हैं, लेकिन दिन उजला और धूप भरा रहता है। जुलाई से सितंबर तक यहाँ बारिश का मौसम रहता है। घने और नम जंगल में मुख्य रूप से शाल, हल्दू, पीपल, रोहिणी और आम के पेड़ों की भरमार है। पार्क का 73 प्रतिशत भाग पेड़ों से घिरा हुआ है। पार्क का 10 प्रतिशत भाग घास से भरा मैदान है। यह पार्क 110 किस्म की प्रजातियों वाले पेड़ों का घर है। 50 किस्म के मैमल्स (स्तनधारी), 580 किस्म के पक्षियों की प्रजातियाँ, 25 किस्म के साँपों की प्रजातियाँ और भारत के लुप्तप्राय बंगाल बाघ यहाँ रहते हैं।

इस पार्क में स्थित मर्चुला अपनी प्राकृतिक सुंदरता के लिए अब अधिक पसंद किया जाने लगा है। पहले पर्यटकों को इस स्थान के बारे में अधिक जानकारी नहीं थी। जब से यहाँ धारावाहिकों और फिल्मों की शूटिंग होने लगी है तभी से यह स्थान पर्यटकों के बीच भी अधिक लोकप्रिय हो गया है। हिमालय की पहाड़ियों से घिरे इस स्थल पर प्राकृतिक सौंदर्य का भरपूर आनंद उठाया जा सकता है। चारों तरफ पहाड़ियाँ और नीचे कलकल बहती नदी, इस स्थान विशेष की सुंदरता को निखार देती है। मर्चुला के आसपास ऐसी कई जगहें हैं, जहाँ भ्रमण का भरपूर लुत्फ उठाया जा सकता है।

□

जिम कॉर्बेट संग्रहालय

सन् 1965 में उत्तर प्रदेश के तत्कालीन वन मंत्री चौधरी चरण सिंह (पूर्व प्रधानमंत्री) के आग्रह पर श्री चिरंजीलाल ने जिम कॉर्बेट का यह घर जो उन्होंने उनसे केन्या जाते समय दो हजार रुपए में खरीदा था, वन विभाग को बेच दिया। यह घर जिम कॉर्बेट ने सन् 1922 में बनवाया था। पत्थर व चूने से बना यह बँगला जिम व उसकी बहन मैगी का सर्दियों का निवास-स्थान था। इस भवन के आस-पास काफी भूमि थी, जिसका कुल क्षेत्रफल 1.65 हेक्टेयर (22 बीघा) था। इस घर की रूपरेखा कॉर्बेट के नैनीताल के बँगले गर्नी हाउस से मिलती-जुलती है। उस समय इसके समीप एक छोटी-सी नहर बहती थी, उसी के निर्मल जल से जिम कॉर्बेट के परिवार के सदस्य घरेलू कार्य एवं बगीचे की सिंचाई करते थे। अब इसी बँगले को जिम कॉर्बेट को समर्पित एक संग्रहालय के रूप में परिवर्तित कर दिया गया है। उनके निजी काम में आनेवाली कुछ चीजें जैसे—उनके बैठने की कुरसी, टेबल तथा बेंत का बना हुआ सोफासेट, जो अब काफी जर्जर हो चुका है, रखा हुआ है। इसके अलावा एक पालकी भी है। इसका प्रयोग उनके परिवार के सदस्य नैनीताल आते-जाते करते थे। जिम कॉर्बेट ने अपने जीवन में कभी इसका प्रयोग नहीं किया। उनके द्वारा प्रयोग में लाई जानेवाली साधारण क्रॉकरी एवं पेय के गिलास तथा लकड़ी की एक टेबल भी है। उनकी जीवनी के संबंध में विस्तृत विवरण पटिका अंग्रेजी तथा हिंदी भाषा में अच्छे ढंग से लगाई गई हैं। उन्हें पढ़ने से उनके संबंध में कई नई जानकारियाँ प्राप्त होती हैं।

संग्रहालय के बाहर उनके प्रिय कुत्ते रॉबिन एवं रोशिना चिरनिद्रा में हैं। इनसे जिम साहब का खास लगाव था। वह जंगल में शिकार करते समय अधिकतर इन्हें साथ ले जाया करते थे। रॉबिन का बचपन का नाम पिंचा था। छह वर्ष की उम्र में कोली जाति के कुत्ते ने क्रुद्ध रीछनी के आक्रमण से उसे बचाया था। उसी की स्मृति में उसका नया नाम रॉबिन रख दिया।

रॉबिन से जिम कॉर्बेट को कितना प्यार था, यह उनके द्वारा लिखे गए शब्दों से स्पष्ट है—"तब वह तीन महीने का होने जा रहा था और मैंने उसे पंद्रह रुपए में खरीदा था। अब वह तेरह साल से भी बड़ा हो गया है और इतना कीमती कि—भारत का सारा सोना भी उसकी कीमत चुकाने के लिए कम पड़ जाएगा।" अपने मालिक के साथ एक तेंदुए द्वारा उसको मार गिराए जाने पर दुःखी जिम कॉर्बेट आगे लिखते हैं—"जब मैंने रॉबिन को संतुष्ट कर दिया कि हमारा अल्पकालिक बिछोह हो जाने में उसको कोई दोष नहीं दिया जा सकता और उसके छोटे से शरीर ने काँपना बंद कर दिया, मैंने उसे नीचे उतारा और साथ-साथ हम दोनों उस जगह तक गए, जहाँ उस तेंदुए ने उसे चाँपकर हमसे लड़ाई की थी और अंतिम चक्कर उसने लगभग जीत ही लिया था और अब वह मरा पड़ा था।

"कहानी मैंने आपको सुना दी है, और जब मैं यह आपको सुना रहा हूँ रॉबिन, विशाल हृदय और सबसे ज्यादा निष्ठावान मित्र जो किसी मनुष्य को मिला होगा—हैप्पी हंटिंग ग्राउंड (चिरनिद्रा जगत्) में पहुँच चुका है, जहाँ, मुझे पता है, वह मेरी प्रतीक्षा करता हुआ मुझे अवश्य मिलेगा।"

न्येरी, केन्या में कुमारी मैगी एवं जिम कॉर्बेट की कब्रों पर लिखे गए शब्द—

IN FOND REMEMBRANCE

OF

EDWARD JAMES (JIM) CORBETT

BORN IN NAINITAL, INDIA

25TH JULY, 1875

DIED IN NYERI

19TH APRIL, 1955

UNTIL THE DAY BREAK, AND

THE SHADOWS FLEE AWAY

HIS SISTER MAGGIE

26.12.1963

□

एडवर्ड जेम्स उर्फ 'जिम' कॉर्बेट

एडवर्ड जेम्स उर्फ 'जिम' कॉर्बेट का जन्म 25 जुलाई, 1875 को नैनीताल में हुआ था। उन्हें ब्रिटेन में शिकारी, प्रकृतिविद्, लेखक और संरक्षणवादी के तौर पर जाना जाता है, लेकिन भारत में वह इन सभी से ज्यादा नरभक्षी बाघों और तेंदुओं के शिकारी के रूप में जाने जाते हैं।

ब्रिटिश इंडियन आर्मी में कॉर्बेट को कर्नल का पद दिया गया था। उस दौरान कुमाऊँ और गढ़वाल रीजन के गाँवों में नरभक्षी बाघों और तेंदुओं का आतंक था। मानवभक्षी इन बाघों और तेंदुओं ने गाँवों में आतंक मचाया हुआ

था। ये हमलावर आए दिन किसी-न-किसी इनसान को मारकर खा जाते थे। जिम कॉर्बेट ने इन इलाकों में 33 बाघों और तेंदुओं का सफाया करके लोगों को इनके आतंक से मुक्ति दिलाई थी। नरभक्षी बाघों और तेंदुओं से लोगों की जान बचाने वाले जिम कुमाऊँ के गाँवों में साधु-संत की तरह माने जाते थे।

आयरिश वंग के एडवर्ड जेम्स कॉर्बेट का जन्म कुमाऊँ, नैनीताल (अब उत्तराखंड में) में हुआ था। 1862 में नैनीताल में पोस्ट मास्टर के तौर पर विलियम क्रिटोफर कॉर्बेट अपनी पत्नी मैरी जेन कॉर्बेट के साथ गए थे। यहीं उनकी आठवीं संतान एडवर्ड (जिम) का जन्म 1875 में हुआ था। जिम को मिलाकर ये कुल 13 भाई-बहन थे। छोटी हल्द्वानी या कॉर्बेट गाँव में उन्होंने अपना एक छोटा सा कॉटिज 'अरुणडेल' बनाया हुआ था। अब इस जगह को कालाढूँगी कहा जाता है।

चार साल की उम्र थी जिम की जब उनके पिता की मौत हो गई। पिता की मौत के बाद जिम के बड़े भाई टॉम को नैनीताल में पोस्टमास्टर बना दिया गया। उनके कालाढूँगी स्थित कॉटिज के आसपास जंगल था, इसलिए जिम का काफी छोटी उम्र से ही जंगलों और जंगली जानवरों के प्रति लगाव बढ़ने लगा। वह कई जानवरों और पक्षियों को उनकी आवाज से पहचानने लगा। समय बीतने पर जिम जंगलों में शिकार करने का अभ्यस्त हो गया और जंगल में काफी अंदर तक ट्रैकिंग भी करने लगा।

जिम ने अपनी पढ़ाई ओक ओपनिंग स्कूल और शेरवुड कॉलेज, नैनीताल से पूरी की। बाद में इस कॉलेज को फिलेंदर स्मिथ कॉलेज, नैनीताल में शामिल कर दिया गया।

19 साल का होते-होते जिम ने पढ़ाई छोड़ दी। उन्हें पंजाब के मानकपुर में बंगाल और नॉर्थ-वेस्टर्न रेलवे में फ्यूल इंस्पेक्टर के तौर पर नौकरी मिल गई। बाद में वह बिहार के मोकामाह घाट में यात्री सामान गंगा नदी के आर-पार करवाने की ठेकेदारी का काम करने लगे।

1907 से 1938 के बीच जिम कॉर्बेट ने 33 नरभक्षियों का शिकार कर उन्हें मार गिराया। इनमें 19 बाघ और 14 तेंदुए थे। सरकारी रिकॉर्ड के अनुसार इन बड़ी बिल्लियों ने गाँवों के पुरुषों, महिलाओं और बच्चों को मिलाकर 1200

लोगों को मौत के घाट उतारा था।

जिम ने पहला बाघ चंपावत में मारा था। इस बाघ को चंपावत बाघ नाम से जाना जाता था। रिकॉर्ड के अनुसार चंपावत के बाघ ने 436 इनसानों को मारकर खाया था। जिम ने पानेर में एक नरभक्षी तेंदुए को भी मार गिराया था। कहा जाता है कि यह तेंदुआ 400 लोगों को मारकर खा चुका था। इस तेंदुए की खोपड़ी और दाँत वगैरह की जाँच करने के बाद पता चला कि उसके दाँत खराब हो चुके थे और उसे दाँतों की बीमारी भी थी। यह रुद्रप्रयाग इलाके का सबसे प्रसिद्ध तेंदुआ था। इस नरभक्षी के कारण केदारनाथ और बद्रीनाथ जानेवाले तीर्थयात्रियों में 10 साल तक इसका आतंक बना रहा। कई तीर्थयात्रियों को इसने निशाना भी बनाया। जिम ने एक आदमखोर बाघिन चौघिन और मोहन नाम के एक बाघ को भी मार गिराया था।

मारे गए ज्यादातर बाघों और तेंदुए की खोपड़ी और शरीर के अन्य हिस्सों की जाँच के बाद जिम को पता चला कि ये तमाम आदमखोर तेंदुए और बाघ किसी-न-किसी बीमारी से ग्रस्त थे या फिर घायल थे। अधिकांश घाव किसी गोली के लगने से बने थे। जिम कॉर्बेट के अनुसार अधिकांश बाघ या तेंदुए किसी शिकारी की गोली से घायल होने के बाद प्राकृतिक शिकार करने में असमर्थ होने के चलते आदमखोर बने थे। घायल अवस्था में राहगीरों को अपना आसान शिकार मान उन्हें मारकर अपना पेट भरने लगे थे। अपने इस आकलन का उल्लेख उन्होंने अपनी पुस्तक 'मैन ईटर्स ऑफ कुमाऊँ' में भी किया है।

जिम हमेशा अकेले शिकार करना पसंद किया करते थे और वह भी जंगल में पैदल घूमते हुए। उन्हें जंगल में यह रोमांचक खेल खेलने में आनंद आता था। हाँ, जंगल में शिकार के लिए जाते समय उनके साथ उनका एक साथी रहा करता था—उनका पालतू छोटा सा कुत्ता रॉबिन। जिम ने अपनी पहली किताब में इस कुत्ते रॉबिन का भी उल्लेख किया है। जिम ने कई बार अपनी जान जोखिम में डालकर औरों की जान बचाई थी। यही कारण था कि कुमाऊँ में लोग उन्हें संत या भगवान् की तरह सम्मान देते थे। शेष भारत भी उन्हें संरक्षणवादी के तौर पर स्मरण करता है।

1920 में जिम ने अपना पहला कैमरा खरीदा था। उन्हें उनके दोस्त

एफ.डब्ल्यू. चैंपियन ने प्रेरित किया कि जब वह जंगल में शिकार पर जाते हैं तो उसकी वीडियो रिकॉर्डिंग किया करें। बाघों की तसवीरें भी खींचा करें। चूँकि बाघ एक शरमीला जानवर होता है, उसकी तसवीरों को लोग काफी पसंद करेंगे। जिम ने अपनी पुस्तकों में बाघों और तेंदुओं के परिवार, उनके आचरण, उनकी दिनचर्या और उनके निवास आदि से संबंधित ढेरों जानकारियाँ दी हैं।

जिम को बाघों और उनके निवास से बेहद लगाव था। उन्हें बाघों के उजड़ते निवास और कम होती संख्या की चिंता सताने लगी थी। कुमाऊँ हिल्स में भारत के पहले नेशनल पार्क हेली नेशनल पार्क की स्थापना में जिम की महत्त्वपूर्ण भूमिका रही। आरंभ में पार्क का नाम लॉर्ड मैल्कॉम हेली था। 1957 में जिम के सम्मान में इस पार्क को उनका नाम दे दिया गया। तभी से यह जिम कॉर्बेट पार्क के नाम से जाना जाता है।

□

जिम कॉर्बेट नेशनल पार्क

नरभक्षी बाघों और तेंदुओं से उत्तराखंड के ग्रामीणों को मुक्ति दिलाने वाले जिम कॉर्बेट ने बीसवीं सदी के दूसरे दशक में ही जब यह पाया कि अंधाधुंध शिकार के कारण बाघों की संख्या घटने लगी है, यह प्रजाति लुप्त होने के कगार पर जा पहुँची है। उन्होंने शासन और प्रशासन को बाघों की सुरक्षा और संरक्षण के लिए चेताया। तब बाघों के अस्तित्व को बचाने के लिए प्रोजेक्ट टाइगर शुरू किया गया। उत्तराखंड के नैनीताल जिले में 1921 में भारत के पहले नेशनल पार्क की स्थापना हुई। जिम कॉर्बेट ने इस पार्क के निर्माण में महत्त्वपूर्ण भूमिका निभाई। आज स्वयं जिम कॉर्बेट के नाम से विख्यात यही कॉर्बेट नेशनल पार्क भारत का पहला और सबसे पुराना नेशनल पार्क है।

उप-हिमालय बेल्ट में बने इस संरक्षित पार्क में बाघ ही नहीं, अन्य कई प्रजातियाँ हैं। यहाँ 488 तरह के विभिन्न पेड़-पौधों की प्रजातियाँ और जानवर हैं। इन्हीं कारणों से जिम कॉर्बेट पार्क पर्यटकों और वन्य जीव प्रेमियों के लिए एक आकर्षण का केंद्र बना हुआ है। यहाँ पर्यटकों को पूरे पार्क में जाने की अनुमति नहीं दी जाती। उनके लिए कुछ विशेष स्थल सुरक्षित हैं। वे उन सुरक्षित स्थलों तक ही जा सकते हैं। ये वे स्थल हैं, जहाँ से अनुपम प्राकृतिक परिदृश्य और विविध वन्य जीव देखने का अवसर मिलता है।

पिछले कुछ सालों में यहाँ पर्यटकों की संख्या में लगातार वृद्धि हो रही है। एक अनुमान के अनुसार हर साल अनुकूल मौसम में देश-विदेश से

लगभग 70,000 पर्यटक आते हैं। पर्यटक और वन्य जीव प्रेमी ही नहीं, रोमांच और साहसिक यात्राओं में रुचि रखनेवालों के लिए भी यह पार्क स्वर्ग समान है। जिम कॉर्बेट पहला नेशनल पार्क है, जो 520.8 किलोमीटर के दायरे में फैला है। इसमें पहाड़ी इलाका, नदी, दलदली क्षेत्र, घास, समतल मैदान, बड़ी सी झील वगैरह सभी कुछ है।

सर्दियों में पार्क की रातें बेहद ठंडी हो जाती हैं, लेकिन दिन उजला और धूप भरा रहता है। जुलाई से सितंबर तक यहाँ बारिश का मौसम रहता है। घने और नम जंगल में मुख्य रूप से शाल, हल्दू, पीपल, रोहिणी और आम के पेड़ों की भरमार है। पार्क का 73 प्रतिशत भाग पेड़ों से घिरा हुआ है। पार्क का 10 प्रतिशत भाग घास से भरा मैदान है। यह पार्क 110 किस्म की प्रजातियों वाले पेड़ों का घर है। 50 किस्म के मैमल्स (स्तनधारी), 580 किस्म के पक्षियों की प्रजातियाँ, 25 किस्म के साँपों की प्रजातियाँ और भारत के लुप्तप्राय बंगाल बाघ यहाँ रहते हैं।

इस पार्क में स्थित मर्चुला अपनी प्राकृतिक सुंदरता के लिए अब अधिक पसंद किया जाने लगा है। पहले पर्यटकों को इस स्थान के बारे में अधिक जानकारी नहीं थी। जब से यहाँ धारावाहिकों और फिल्मों की शूटिंग होने लगी है तभी से यह स्थान पर्यटकों के बीच भी अधिक लोकप्रिय हो गया है। हिमालय की पहाड़ियों से घिरे इस स्थल पर प्राकृतिक सौंदर्य का भरपूर आनंद उठाया जा सकता है। चारों तरफ पहाड़ियाँ और नीचे कलकल बहती नदी, इस स्थान विशेष की सुंदरता को निखार देती है। मर्चुला के आसपास ऐसी कई जगहें हैं, जहाँ भ्रमण का भरपूर लुत्फ उठाया जा सकता है।

□

अन्य दर्शनीय स्थल

गर्जिया देवी मंदिर

यह जिम कॉर्बेट से मात्र 3-4 किलोमीटर की दूरी पर स्थित है। यह एक ऊँची पहाड़ी पर है, जहाँ तक पहुँचने के लिए 70 से 80 सीढ़ियाँ चढ़नी पड़ती हैं। यह मंदिर गर्जिया गाँव के पास स्थित है। कोसी नदी के किनारे एक बड़ी पहाड़ी पर स्थित इस मंदिर में कार्तिक पूर्णिमा को बहुत बड़ा आयोजन होता है। इस आयोजन को 'फेस्टिवल ऑफ लाइट्स ऑफ द गोड्स' के नाम से भी जाना जाता है। माना जाता है कि कार्तिक पूर्णिमा के दिन इस मंदिर में जो माँगा जाता है, वह माँग पूर्ण होती है। यहाँ पर घंटी बाँधने का प्रचलन है, इसलिए मंदिर में सैकड़ों घंटियाँ बँधी दिखाई देती हैं।

रामगंगा

जिम कॉर्बेट नेशनल पार्क से होकर बहती है रामगंगा। पेड़ों से घिरी पहाड़ियों और घाटियों के मध्य से रामगंगा की कलकल करती आवाज घाटियों में एक संगीत की धुन पैदा करती है। इस नदी में मगरमच्छ रहते हैं, जो अकसर नदी के तट पर भी आ जाते हैं। रामगंगा के किनारे बैठकर उसके स्वच्छ जल को निहारने का अपना ही आनंद है।

कॉर्बेट वाइल्ड लाइफ म्यूजियम

कॉर्बेट वन्य जीव संग्रहालय में काँच के बक्सों में बाघों और हाथियों की कई प्रजातियाँ देखने को मिलती हैं।

ढिकाला

यह जिम कॉर्बेट नेशनल पार्क का मुख्य केंद्र है। चारों तरफ से पहाड़ियों से घिरी इस जगह पर हाथियों की सवारी करने का अपना ही रोमांच है। यहाँ पर्यटक और वन्य जीव लगभग साथ-साथ एक-दूसरे के आसपास टहलते हैं। यहाँ एक तरफ थिक फॉरेस्ट है तो दूसरी तरफ नदी।

भ्रमण के लिए…

पार्क और उसके आसपास के क्षेत्र का भ्रमण करने के लिए जीप सफारी, एलिफेंट सफारी, बर्ड सफारी आदि सुलभ कराए जाते हैं। यदि कोई पर्यटक निजी वाहन से जाना चाहे तो उन्हें इसके लिए रामनगर कार्यालय से अनुमति लेनी होती है।

□□□